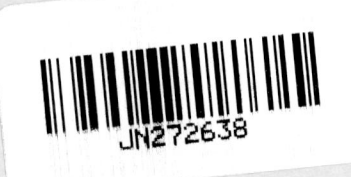

住宅エクステリアの
パース・スケッチ・
プレゼンが
上達する本

松下高弘＋
エムデザインファクトリー 著

彰国社

デザイン・宇那木孝俊（宇那木デザイン室）

はじめに

「エクステリア」と「手描き」は相性バツグン！

ここ10～20年の間に、注文住宅、分譲住宅のプレゼンにおいて、図面は、CADで描いたものを納品するのが当然の時代となり、手描き図面を見るのは非常にまれになりました。

不動産、建設業や広告代理店がつくる、住宅やマンションなどのパンフレットやチラシにのっているパースは、やはりCGを使っているものが大半です。CGパースは写真のように正確ですが、一方、どれも同じように見えて仕上がりに特徴がない、または冷たい感じがするなどの声が、デザイナーから聞かれるようになりました。

そんな状況の中で、臨場感や生活感を表現できる味わいのある「手描きのパース」が静かなブームになってきています。

「手描きのパース」は、ペンや鉛筆を使ってスケッチを描きます。線の太さの強弱でメリハリをつけ、さらに色鉛筆や筆で塗れば着彩のタッチによって、安らぎや和らぎを表現できるプレゼン手法です。

もともとエクステリアは、低・中・高木、地被、芝生の植栽や土、石などの、自然な「なまもの」で演出されています。その自然なものを、「手描き」でプレゼンするわけですから、雰囲気のあるプレゼンになることは間違いありません。

本書は、住宅エクステリアの、プレゼンテーションにおいて、パースの構図のつくり方ややさしい描き方、また人物や車、植栽など、図の印象を大きく左右する点景の描き方、カラーリングや陰影などの演出方法などプレゼンテーションにおいて役に立つポイントを簡潔にまとめました。さらに部分的にCADを併用したテクニックについても触れています。

手描きが苦手、という人でも、本書を見て真似をしながら、気軽に取り組んでいただけると、だんだん力がついてくると思います。ぜひ手描きの奥深さに目覚めてください。

2013年5月　松下高弘

目次

1 パースの基本

1 パースの意味と用語

①パースの考え方

パースとは、英語のパースペクティヴ（perspective）の略語で「透視図」という意味です。一般にはパース（pers.）と呼ばれ、遠近法のひとつです。

人の目は、手前から奥に遠ざかるにつれて、対象物が小さく見えていきます。これを2次元に表す図法が遠近法です。図のように、たとえば立っている人が窓ガラス越しに対象物を見ています。そのガラスに映った対象物を、そのままガラスに直接マジックでなぞった絵がパースとなります。

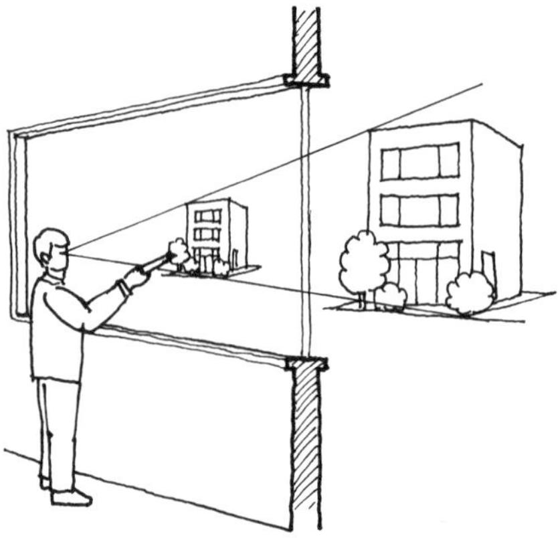

窓ガラスに映った対象物をなぞったものがパース

②消点

鉄道のレールの間に立って、レールの向かう先を見た場合、2本の平行なレールは下図のように地平線上の一点で交わって見えます。この点を消点VP（Vanishing Point：ヴァニシングポイント）といいます。遠近法で描かれた図では、平行な2本の直線同士であっても、必ず消点で交わる法則があります。有名なレオナルド・ダ・ヴィンチの「最後の晩餐」は、遠近法を絵の中に取り入れた彼の代表作で、この図の中にも消点があります。

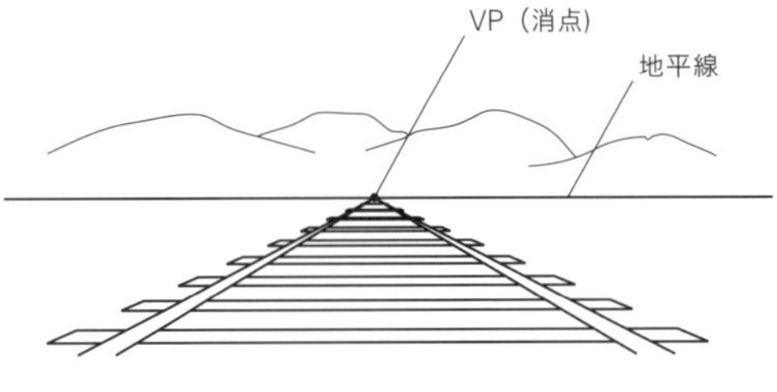

平行なレールは一点で交わるように見える

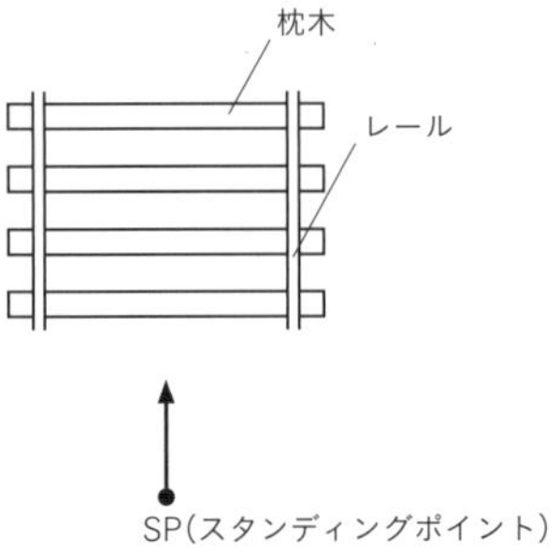

レールの平面図

レオナルド・ダ・ヴィンチの「最後の晩餐」は中央にＶＰ（消点）を置いて描かれている＊

＊ Chiesa di Santa Maria delle Grazie, Milano, Italia 所蔵

③パースの仕組み

①で説明したパースの仕組みを図法的に表現したのが下図です。

まず、HL（Horizontal Line）は「水（地）平線」という意味で、パースの中でも地平線として表現されますが、実は下図のように表現するとき、HL は、見ている人の目の高さ EL（Eye Level）と同じ高さとして表現されます*。VP は必ず EL の上に来ます。また VP は、SP（Standing Point）から PP（Picture Plane）に下ろした垂線の延長線上に来ます。SP、PP、EL、VP の関係を理解しましょう。

*一般に、HLをELと称して使っていることが多いため、この本ではHLをELに置き変え、解説していきます。

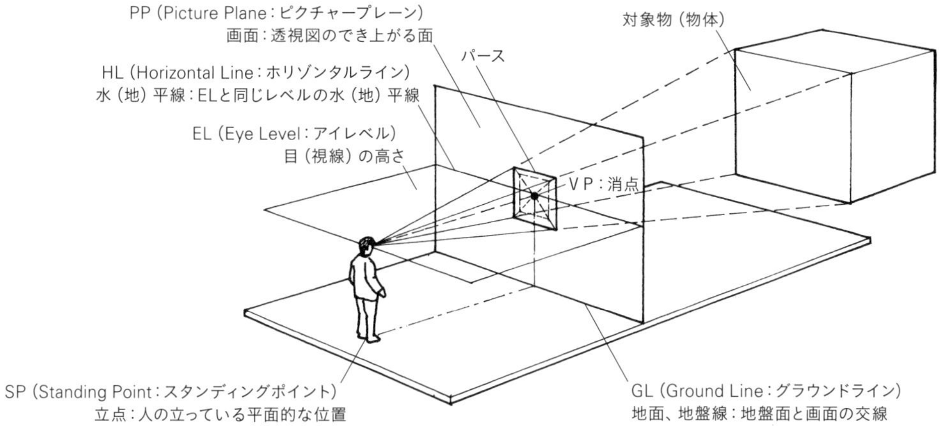

SP、PP、EL、VPの関係

④ SP と PP の関係

それでは、立方体を使って透視図の説明をします。

一番左の図のように、立方体をある離れた距離から見ているとします。それぞれ平面図、立面図も示します。PP（画面）に映る立方体は、真上および真横から見た状態では⟷の範囲に各々映ることになります。PP が SP に近づけば、見える範囲は狭くなり、PP が遠ざかれば見える範囲が広くなります。

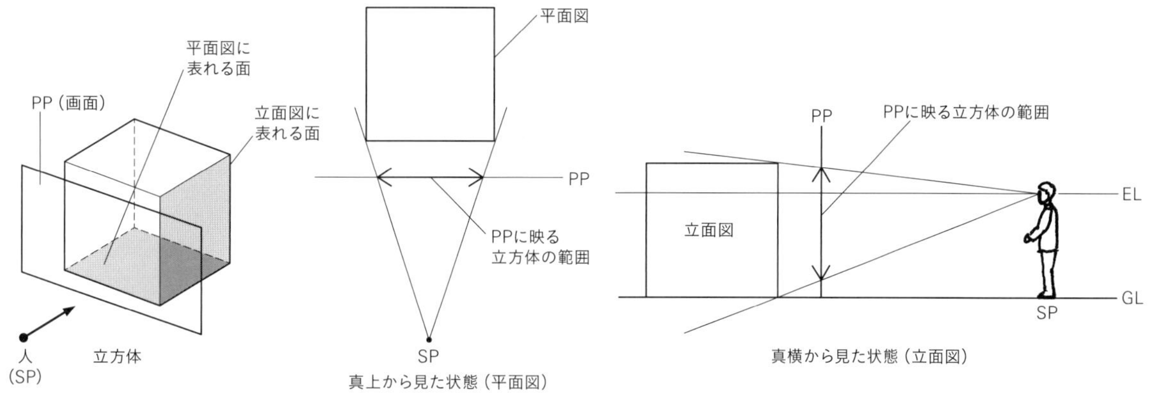

SPとPPの関係

⑤ SP の位置によるパースの見え方の違い

下図の①〜③はそれぞれの SP の位置によって、立方体がどう見えるかを作図したものです。当然のことながら①は正面と左側面、③は正面と右側面が見え、②は正面のみしか見えません（便宜上、平面図は PP に接した状態にしています）。

なお、この図法は 1 点透視図法（1 消点）といいます。SP を通る垂直線上に必ず VP があるのが特徴です。

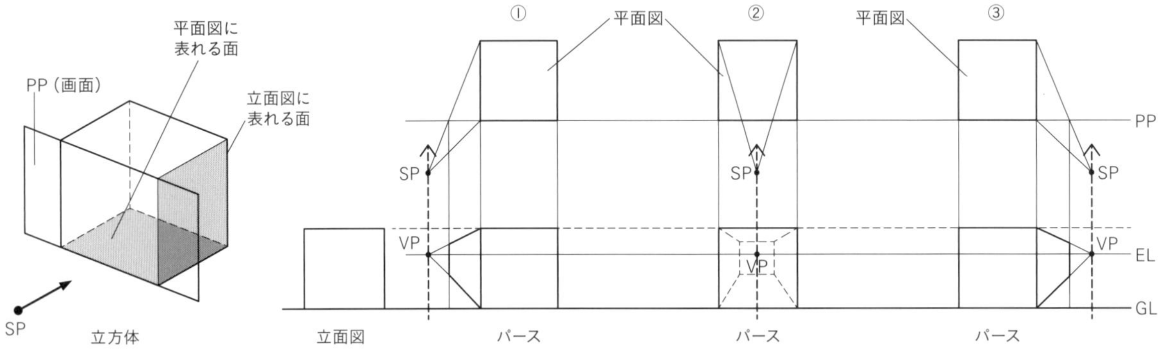

ＳＰの位置による立方体の見え方の違い

2 図法による見え方の違い

① 1 点透視図法（1 消点）

下図は、1 点透視図法で描いた立方体です。間口方向の〃のマークを付けた辺はすべて、線 EL と平行となります。また、高さ方向の線は EL と垂直になります。奥行き方向はすべて、消点（VP）において交わります。SP の位置の違いにより、立方体の側面の見え具合が違います（1 ⑤参照）。

1 点透視図で作図を行う場合、間口方向に見せたい立面図を置くと、図面の間口、高さの寸法の比率をそのまま使用できるところが便利です。

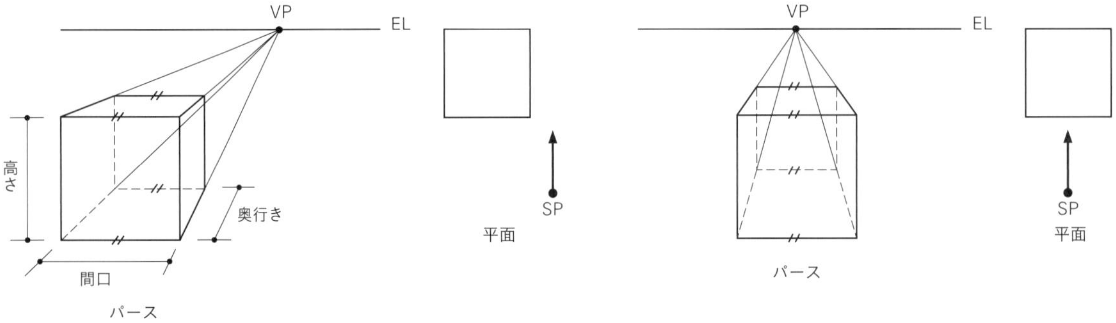

1点透視図法

② 2 点透視図法（2 消点）

2 点透視図法は、消点が 2 つあり、図がリアルに見える反面、作図が多少難しくなります。図の立方体では、〃マークの付いた線は VP_1 に向かい、○マークの付いた線は、VP_2 に向かいます。高さ方向の線は垂直となり、消点をもちません。2 つの消点は必ず EL に引かれた水平線上にあります。

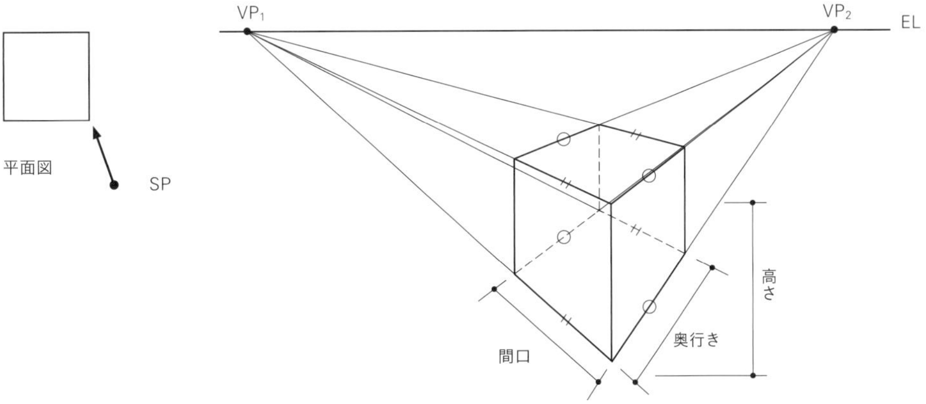

2点透視図法

③ 3 点透視図法（3 消点）

3 消点は垂直方向にも消点をもち、見上げたり、見下げた構図を描くことができます。手前のものは大きく、奥のものは小さく見えるという透視図の特徴がより強調され、図のように見上げの場合は下部が、見下げの場合は上部が大きく表現されます。
CAD で図面やパースを製作するオペレーターにはなじみのある構図ですが、図法上、高さ方向にゆがみが出て対象物の形状がわかりにくい場合が多いのが欠点です。
インパクトのあるパースを描くなどの演出効果は優れていますが、構図の設定に慣れていないと使いこなすのが難しい図法です。

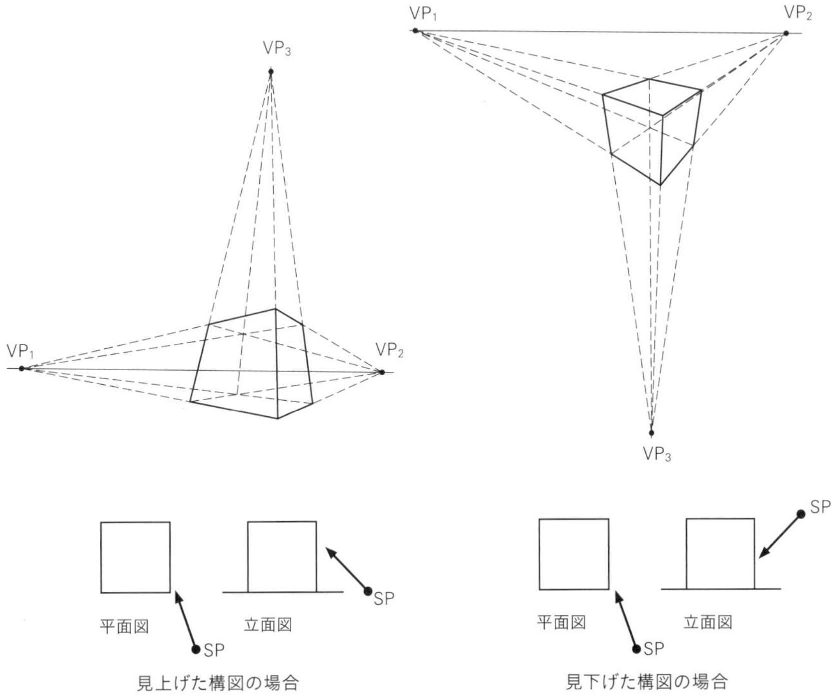

3点透視図法

3 いろいろなアングル

パースを描くとき、最初に決めなくてはいけないのが「アングル」です。「アングル」とは、敷地全体および敷地の部分をある角度、ある高さから見たときの見え方の具合、もしくは、その構図のことをいいます。
人の立った視線の高さ（地面から 1.5m の高さ）を「アイレベル」、視線の高さ（EL）が 1.5m より高い場合を「鳥瞰」と呼んでいます。一般に建物の高さよりも高い屋根面の見える状態は「鳥瞰」、視線が屋根面より低い場合は「半鳥瞰」と呼ばれています。図のように、アイレベルより鳥瞰のほうが、敷地をよく見ることができます。

アイレベル

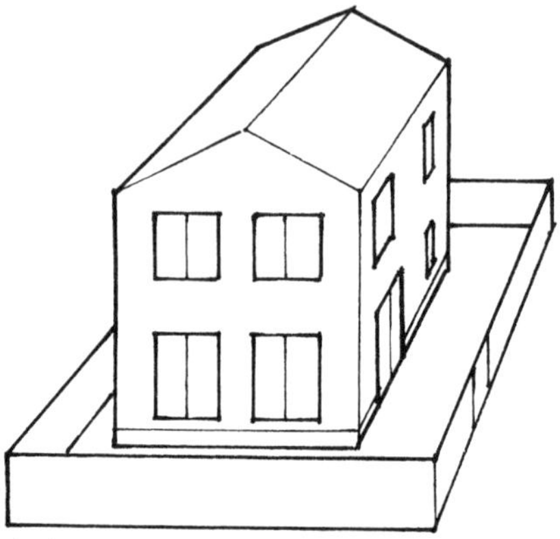

鳥瞰

①鳥瞰（半鳥瞰）パース

EL を高くすると、敷地の見える範囲が広がり、エクステリアと住宅を共によく見せることができます。EL が高くなればなるほど説明に適したアングルになります。ちなみに、下左のパースは人が 2 階の床から立った EL で半鳥瞰のアングルになります。敷地から SP までの距離は 20 ～ 25m 程度とっています。

②アイレベルパース

文字通り目線の高さのパースなので見慣れたアングルとなり、生活感や臨場感を演出できます。部分パースに至っては、門袖・門柱などのデザインの形状も施主にわかりやすく説明できます。敷地から SP までの距離は 5 ～ 7m 程度が適切です。

半鳥瞰パース

アイレベルパース

4 エクステリアのアングル研究

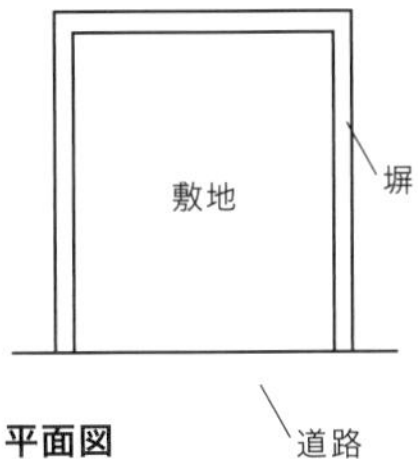

平面図

左図のように、前面道路のある長方形の敷地があります。隣地境界の3方向は塀で囲われています。この敷地を1消点で見たとき、道路側から見たアングルの違いを研究して、長所と短所を挙げてみましょう。

下図はELは同じで、SP（見る位置）を変えたアングルです。

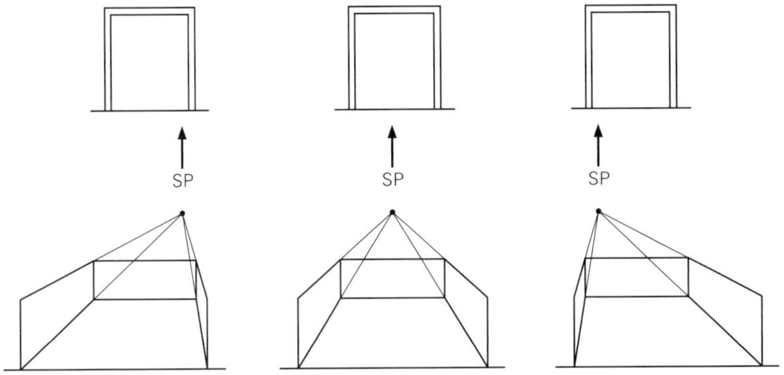

長所：左側の塀を強調でき、デザインを見せやすい
短所：左側手前の敷地がゆがみやすい

SPが右寄り

長所：敷地全体がわかりやすい
短所：アングルが無難なため部分の強調がしづらい

SPがセンター

長所：右側の塀を強調でき、デザインを見せやすい
短所：右側手前の敷地がゆがみやすい

SPが左寄り

SPの位置によるアングルの違い

下図はSPは同じで、ELの高さを変えたアングルです。

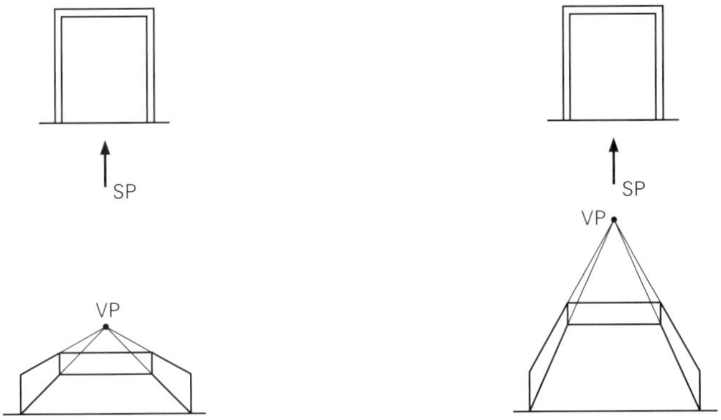

長所：道路際の塀・門扉などのデザインを強調できる
短所：奥のものが手前のものに隠れ、具体性に欠ける

ELが低い

長所：敷地全体がよくわかり、全体説明用に最適
短所：ポイントとなる部分の強調がしづらい

ELが高い

ELの高さによるアングルの違い

以上からELが高い、SPがセンターの鳥瞰のアングルは全体の説明用、SPが左右に寄っているアイレベルのアングルはイメージや雰囲気を伝える部分の説明用に適しています。なお、SPが敷地に近づくほど迫力が出ます*。

＊17ページOne Point参照。

5 構図のつくり方

昔は、住宅とエクステリアのデザインはバラバラで建物と外構がマッチしていないケースがよくありました。今では住宅、エクステリア共に、統一されたデザインが重要な時代となり、パースにおいても住宅、エクステリアを同時に表現して図に描くことが増えました。ここでは２消点パースを例に構図のポイントをまとめます。

①三角形の安定した構図

絵柄の上部を小さく、下部が広くなる三角形は安定した構図になります。優れた芸術作品に多く見られます。

②奥行きの幅を少なくする

住宅は奥行きを浅くすることで間口が広く見え、どっしり落ち着いた構図になります。

③奥行きの傾きをきつくする

テーパーをきつくすることによりファサードデザインが強調されます。

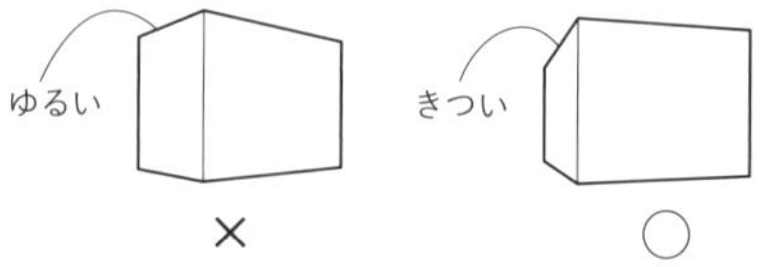

④ EL はやや高め

EL＝2.0m 以上にすると、目線が高くなるぶんエクステリア部分の奥行きが感じられます*。

＊一般に住宅パースの場合、EL（人の目の高さ：アイレベル）は1500mmに設定しますが、エクステリアの舗装等のデザインを見せるためELを高くします。

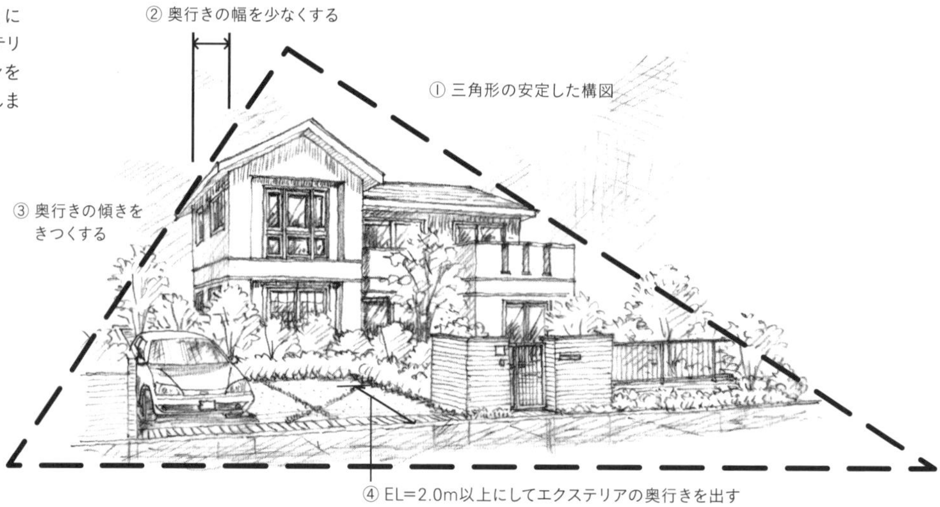

構図のポイント

One Point

EL（アイレベル）の設定は重要！

パースは、用途によってさまざまなELにする必要があります。

道路に立ってアプローチを見るならEL＝1500mm、食堂の椅子に腰かけて窓の外を見るならEL＝1200mm、和室に座って庭を眺めるならEL＝900mm程度がよいでしょう。部屋から外を見るパースを描く場合の参考にしてください。上記のELは、部屋の床レベル（FL）からの高さになります。

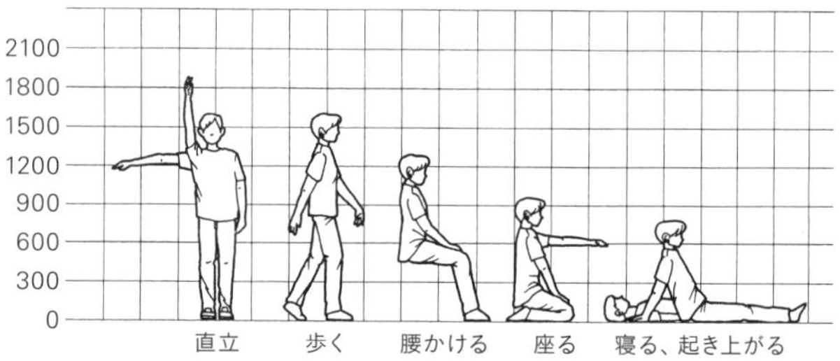

直立	EL=1500mm
腰かける	EL=1200mm
座る	EL=900mm
起き上がる	EL=700〜800mm

姿勢によるELの変化

2 アイソメとアクソメ

1 アイソメとアクソメの表現

消点をもつ透視図法以外によく用いられる図法としてアイソメトリック（isometric）やアクソノメトリック（axonometric）があります。通称、前者は「アイソメ」、後者は「アクソメ」と呼ばれ、アクソメはアイソメの一種です*。

＊よく「アイソメパース」と言う人がいますが、消点（VP）がない図法はパースとはいわないので、「アイソメ図」と呼ぶのがよいでしょう。

これらは消点（VP）がない図法で、等角投影図ともいわれます。間口、奥行き、高さは、手前でも奥でも、図面のスケールの比率を保った寸法で表すことができます。消点がないため一般に、設計図面が理解できれば、だれでも作図がしやすい利点があります。上から見たような図になるため、敷地の全体図や門柱などの部分の説明に適します。

作図の仕方は、アクソメ（下図の右、中央）は平面図を傾けて配置し、立面図の高さをそのまま垂直に立ち上げます。

アイソメ（左）は平面図の直角の部分を120°にします。高さはアクソメ同様、立面図の高さを立ち上げますが、構図上、天、地が少しつぶれた感じになるため、アクソメと比べると自然な立体感を印象づけることができる図法です。

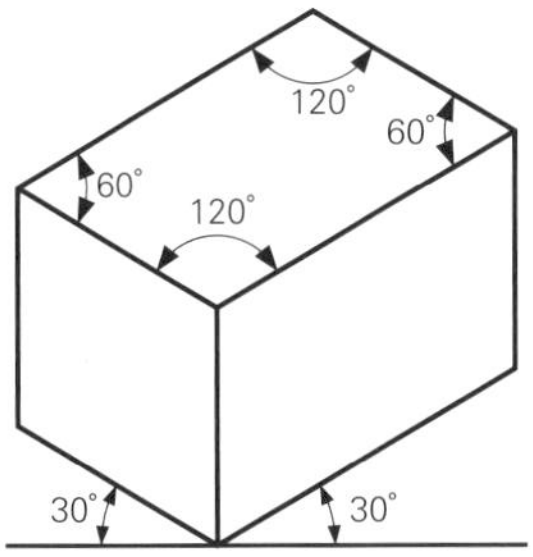

アイソメトリック図法

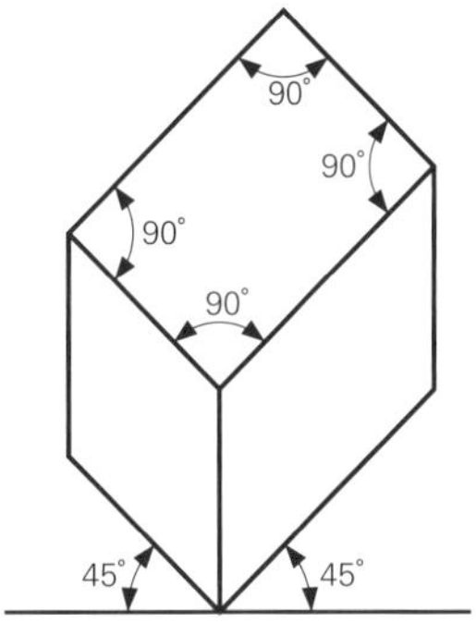

アクソノメトリック図法

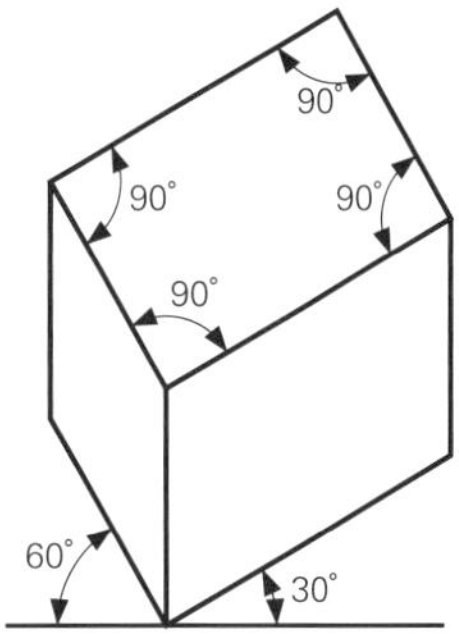

アクソノメトリック図法

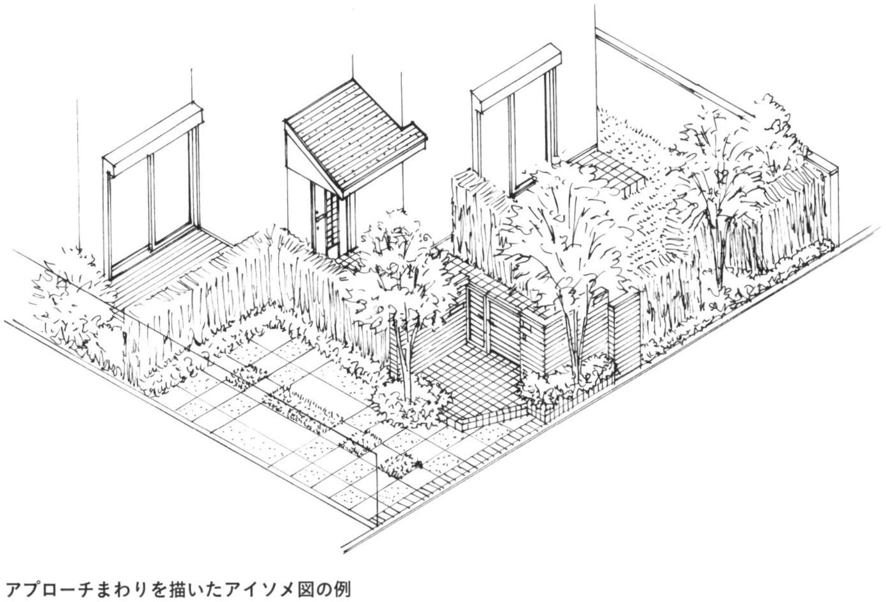

アプローチまわりを描いたアイソメ図の例

2 アイソメとパースの違い

パースは、手前のものは大きく、奥のものは小さく見える消点（VP）のある透視図法ですが、アイソメは立体的で形状がわかりやすい姿図でありながら、寸法がわかるという、2つの長所を持ち合わせた便利な図法です*。

＊機械製図やプラモデルの組立図などにもアイソメは使われています。

一般にプレゼンをするとき、敷地全体の説明用としてはアイソメが、部分のデザインや、イメージを伝える場合はパースが適しているようです。

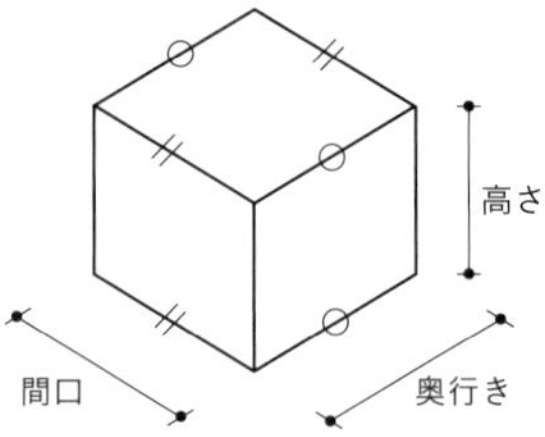

①アイソメの特徴

左図のように、間口、奥行き、高さはそのまま図面のスケールに従った寸法で表現できます。○も〃も各々30°方向に平行です。

②アイソメ作図の注意点

アイソメの作図の注意として敷地に対して45°から見た図を作成するため、その方向と平行に、外壁、塀などがあると、正面は見えても、側面の奥行きや上面が見る方向と平行となり立体感に乏しくなるので、見る角度を変えるか、パースにするなど検討が必要となります（下図参照）。

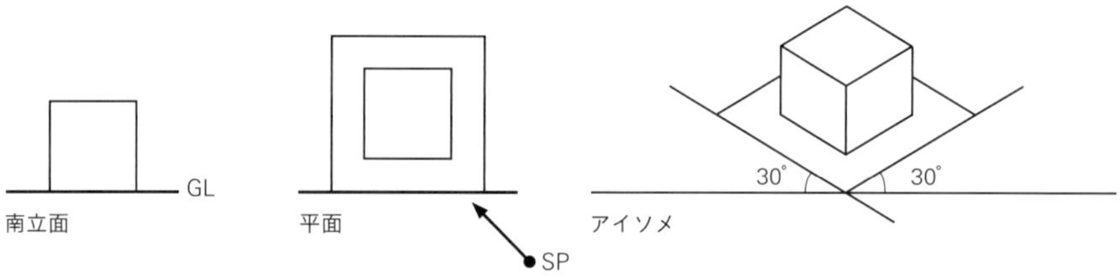

見やすいアイソメ

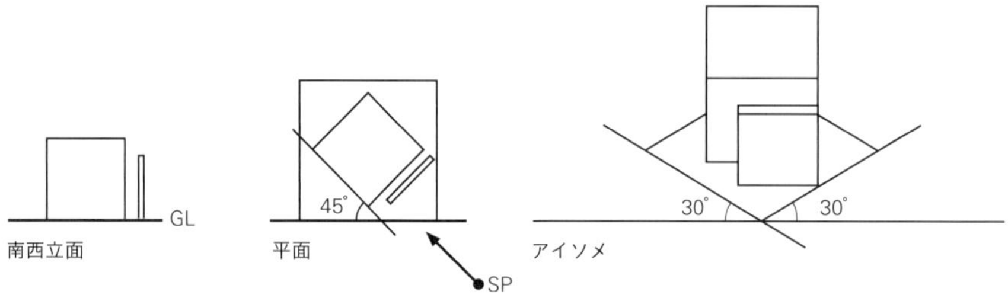

45°方向に工作物などがあり見づらいアイソメ

③パース

パースは、アイレベル（EL：視線）の高さで見え具合が変わります。たとえば、下図は共に2点透視図（2消点）ですが、左は対象物の高さよりもELが低く、右は対象物の高さよりELが高い場合です。消点（VP_1、VP_2）があり、平行なもの同士は必ず消点に集結することが特徴です。

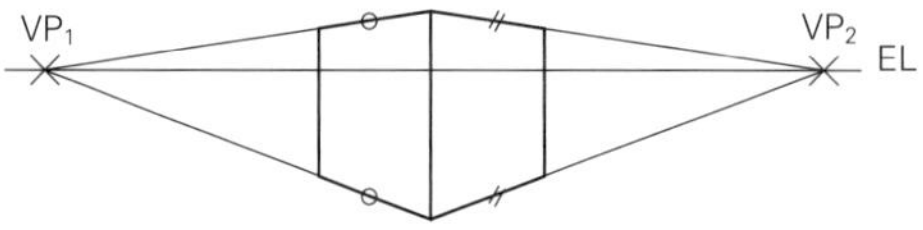

アイレベル（EL）パース

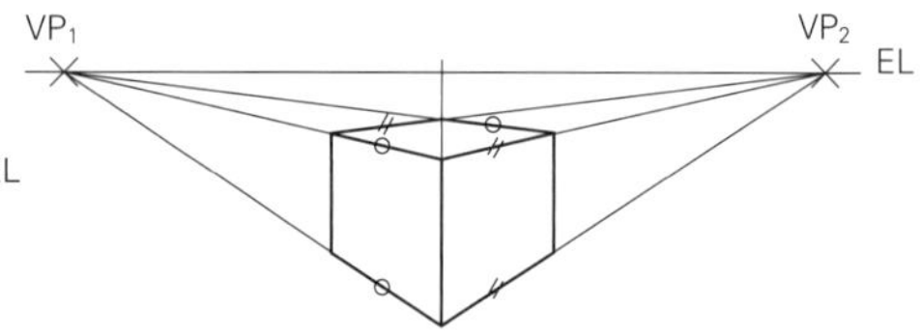

鳥瞰パース

3 パースの描き方

エクステリアで最も扱いやすいパース図法は、パースの構図にあらかじめ合ったグリッドをつくり、それに合わせて描くやり方です。1消点、2消点のそれぞれのグリッド図法や図面を活用した図法の描き方を説明します。

1 1消点パースの描き方（グリッド図法）

平面図をグリッド▶1で分割し、そのグリッドからパースガイド▶2を作成する1点透視図（1消点）の簡略的な図法です。ガイドのつくり方によって、奥行きを深くしたり、浅くしたり自由に調節できるため、デザインをわかりやすく表現できます。

▶ 1：グリッド
本来は、格子の意味。グリッド図法においては、平面図などを縦軸と横軸で分割した正方形の碁盤の目のことをいいます。

▶ 2：パースガイド
間口、奥行き、高さ方向に等間隔のグリッドをパースにしたもの。このパースガイドの上をなぞることで、パースが簡単にできます。

❶平面図に 縦横に等間隔にグリッドを引きます（分割しやすい寸法がよい。1m 角、910mm 角など空間の構成に合わせると便利です。下図は 50cm グリッドを 6mm グリッドの縮尺で示したものです）。 横軸に 0、1、2…、縦軸に a、b、c…と番号を付けます。

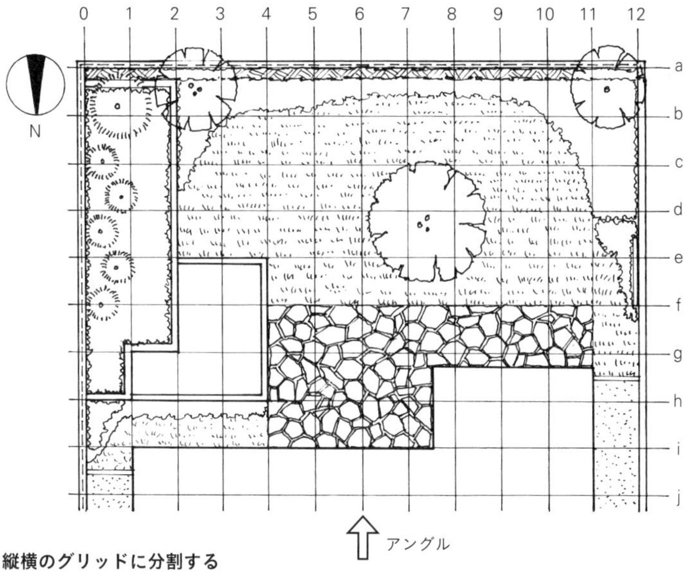

平面図を縦横のグリッドに分割する

❷パースの間口となる水平線①を引き間口分の長さ AB をとります。❶の平面図で割り付けたグリッドの数に基づき 12 分割します（水平線①は 50cm → 6mm で作図しています）。

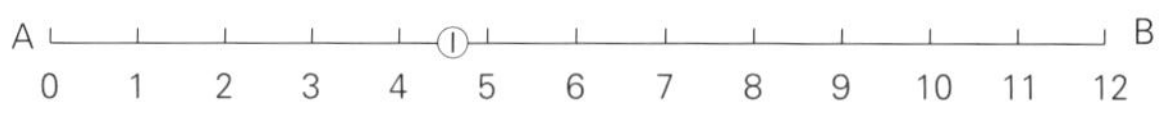

水平線①を引き、平面図のグリッドに合わせて 12 分割する

＊VPは必ずELの上にきます。SPに引いた垂線とELの交点がVPとなります。

❸Bに垂線②を引き、水平線①の分割の割付けと同様に等分割します。パースを見ている目の高さ（EL）と見ている位置（SP）をもとに、消点VPを求めます*（下図ではSPはABの6軸、EL＝6.5m）。AB上の分割したすべての点とVPを結びます。

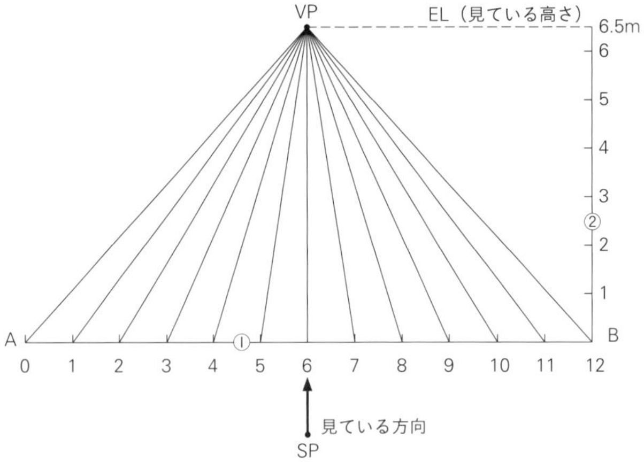

消点VPを決め、水平線①を分割した各点と結ぶ

❹水平線①の上にもう1本任意の水平線③を引きます。このとき、下図のグレーの部分が「正方形をSPから見ているように感じられる」位置に引きます。この正方形は、❶の平面図に引いたグリッドの正方形をパースで見ている状態と考えます（One Point参照）。グレーの正方形内に対角線④を引きます。

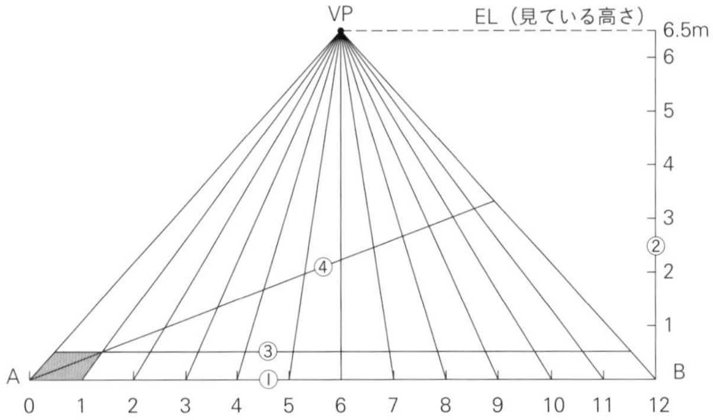

透視図のグリッドの1マスをつくる

One Point

自然な「SPから見た正方形」に見えるグリッドをつくるには

正方形をSPから見ているように作図するグリッドは、間口を広く、奥行きを狭くするとバランスよく見えます。
鳥瞰パース（EL＝6〜10m程度）の場合は、間口方向の寸法のおおよそ6〜8割弱を奥行き方向にするとほどよいバランスになります。

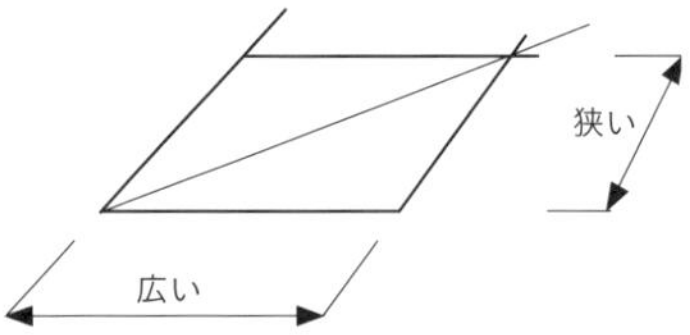

パース上に表現される正方形

❺対角線④と、〈線①上の 2 〜 12 の点と VP を結んだ線〉との交点に水平線を引きます。このとき、❶で描いた平面図の横軸（a 〜 j）と数が合うようにします。

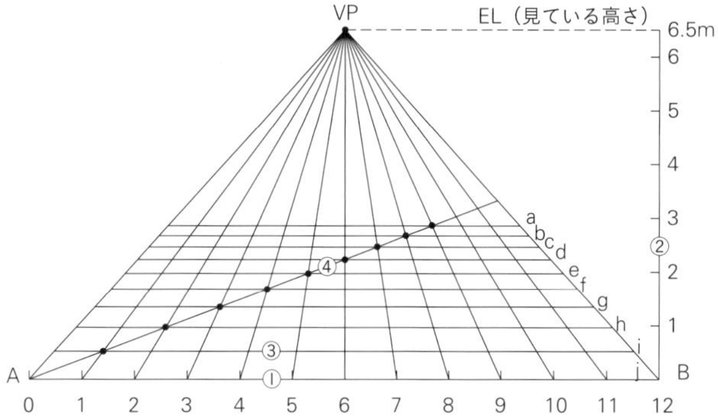

対角線④と、〈線①上の点と消点 VP を結んだ線〉の交点に水平線を引く

One Point

対角線の傾き具合で、近づいて見ているか、離れて見ているかが決まる！

SP（立って見ている位置）が敷地に近い場合は対角線の傾きをきつく、SP が敷地から遠い場合は対角線の傾きをゆるくします。迫力のあるアングルにしたい場合は前者になります。また、VP（消点）を高くすると敷地が広く見え、VP を低くすると敷地の見えが狭くなります。

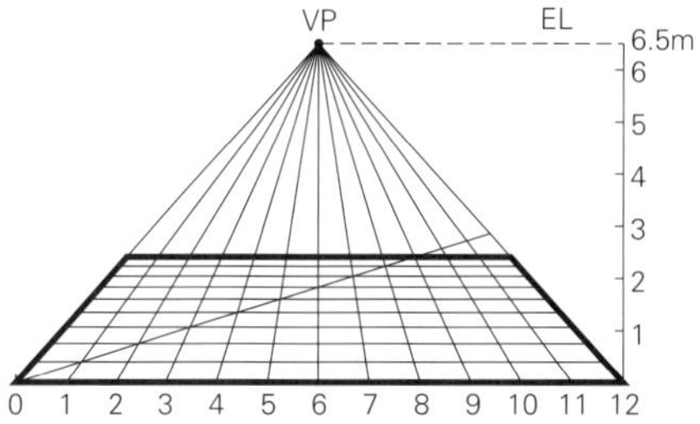

対角線の傾きがきついと SP が近い

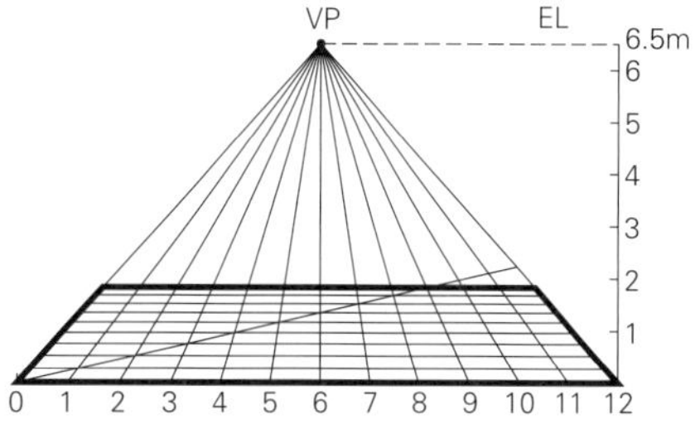

対角線の傾きがゆるいと SP が遠い

❻垂線②の分割した各点と VP を結びます。❺で求めた a 〜 j から垂直方向に線を延ばし、右壁のグリッドをつくります（下図では見やすいよう記号を省略）。

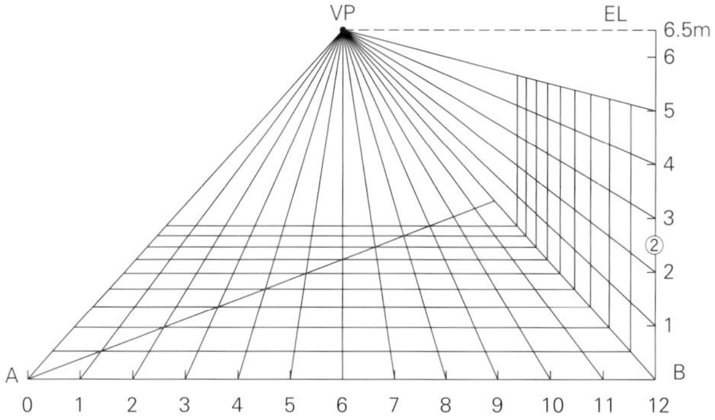

右壁のグリッドをつくる

❼同様に、左壁のグリッドをつくります。左右の壁を水平線で結び、パースグリッドを完成させます。このとき作図を丁寧にしないと左右の線がずれるので気をつけましょう。

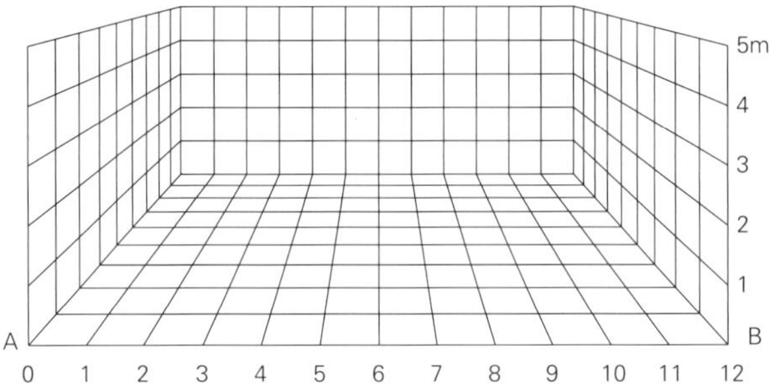

パースグリッドの完成

▶ 3：プロット
①書く、②描画する、③点を打つ、④置くなどの意味。この場合は、③や④のように対象物の位置を記すことをいいます。

❽❶で描いた平面図を見ながら、床に花壇などの位置をプロット[▶3]していきます。

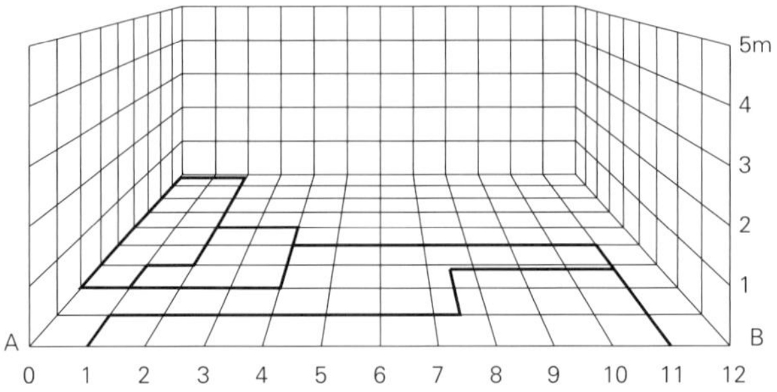

地面にプロット

❾パースの中のものの高さは、垂線②の目盛りを基準にします。垂線②で実寸をとり、パースのグリッドにそって奥行き方向、または間口方向に平行移動して図の中の物の高さを求めます。下図に植栽の高さを表します。

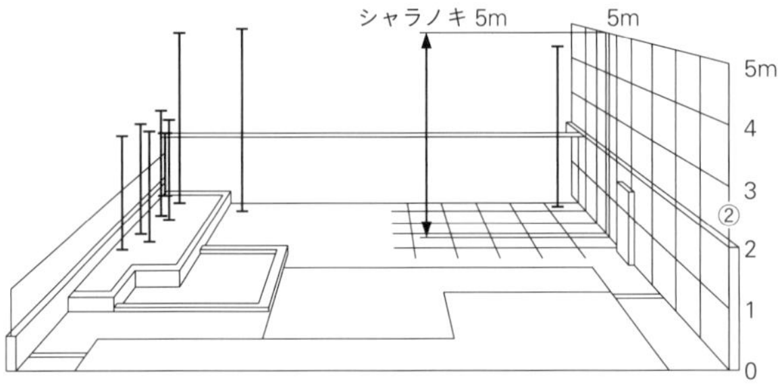

花壇の縁やトレリスの下描きをし、樹などの高さをとっていく

One Point

形状が複雑なトレリスは、長方形でボリュームを出してから表現しよう！

トレリスのように扇形など複雑な形をパースで描く場合は、まず長方形をパースの中に描きます。描いた長方形の対角線の交点が中心です。中心に扇形の山が来るように、扇形を表現することで、奥行き方向の立面も表現しやすくなります。曲線は厳密に図法にしたがって描くのは難しいのでだいたいでよいでしょう。

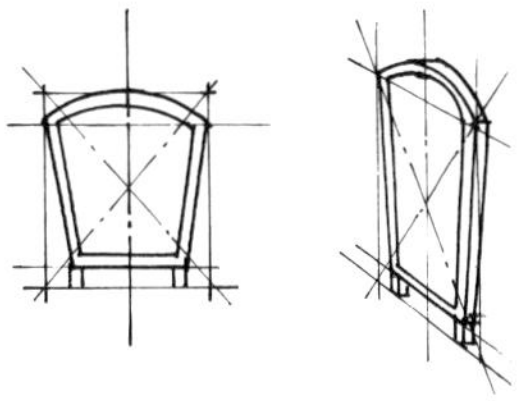

長方形でボリュームを出す

⑩⑨で描いた施設の輪郭や、樹の高さなどをもとにラフスケッチ▶4を起こします。手前から奥のほうへと描き込んでいくと線が重なりません*。

▶ 4：ラフスケッチ
パースや絵などの雰囲気を大まかに素描したものです。

＊植栽の重なった部分を描く順番は、92 ページを参照。

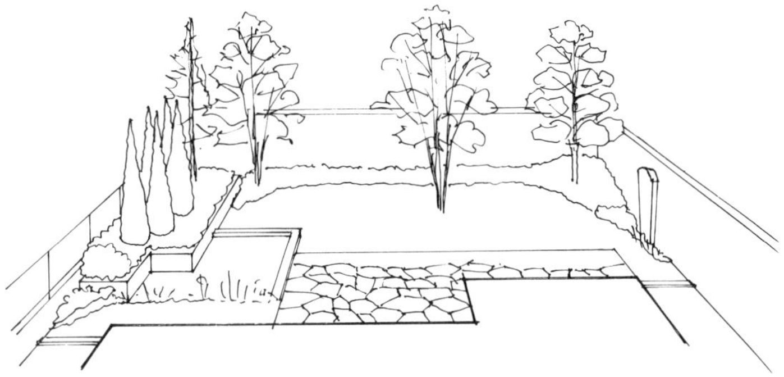

ラフスケッチを描く

⑪細部を描き込んで完成です。ラフスケッチにトレーシングペーパーをかけて清書するとよいでしょう。

細部を描き込み完成

2 2消点パースの描き方（グリッド図法）

2点透視図（2消点）は、消点VPが2つ存在するため、1点透視図（1消点）に比べると、作図をする際、対象物の手前と奥のゆがみが強くなるため、作図に多少困難を要します。その一方、対象物を斜めに見た状態の、間口から奥行き方向の遠近感が表現でき、現実感のあるパースを描くには効果的です。鳥瞰パースを例に、描き方の説明をします。

「はじめる前に…」

説明したいアングルで、イメージスケッチを起こし、構図と消点の位置の感覚をつかみます（下図は北東方向から見たアングルです）。それではパースを描いていきましょう。

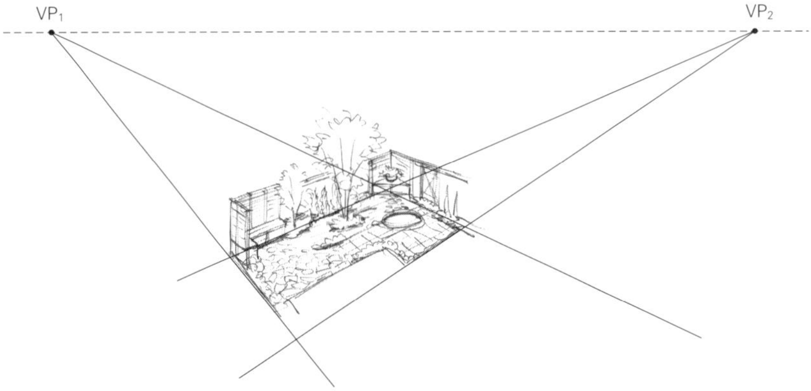

イメージスケッチ

❶平面図を分割しやすい寸法で等間隔にグリッドを引き、縦軸、横軸に、記号を付けます（下図は1mグリッドを1/100の縮尺で描いたもの）。

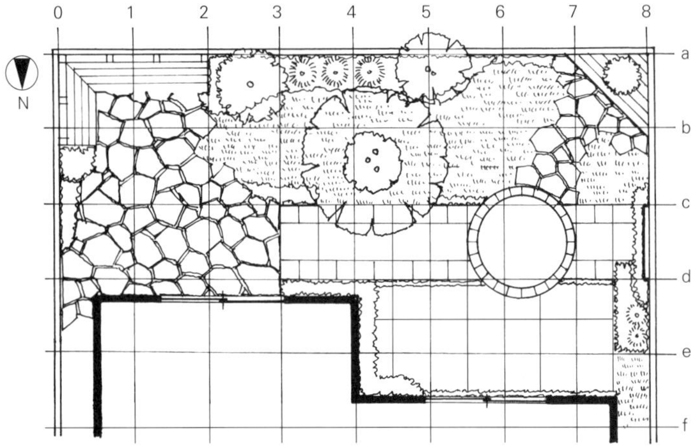

平面図にグリッドを引く

❷EL となる水平線①を引きます。VP_1、VP_2 を決定します。
「はじめる前に…」で描いたイメージスケッチの構図に近くなるよう、4 本の線②〜⑤を引きます。線②と⑤の交点に水平線⑥を引きます。4 本の線に囲まれた部分にパースを描くガイドとなるグリッドをつくっていきます。

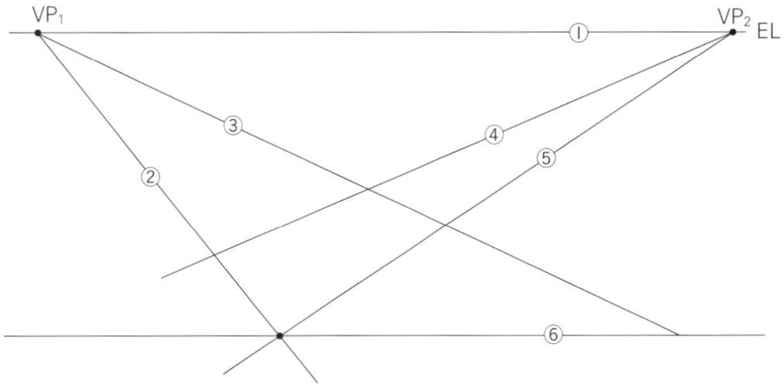

ラフスケッチをもとにグリッドの大枠を描く

❸平面図の間口（東西）方向の長さが 8m なので水平線⑥の AB 区間を 8 等分します。その各々の点と VP_1 を結びます。A から数えて 6 番目の線と線④の交点を C とします。平面図の奥行き（南北）方向の長さが 5m なので、奥行き方向が 5 等分になるように、C と A を通る線⑦を引きます。

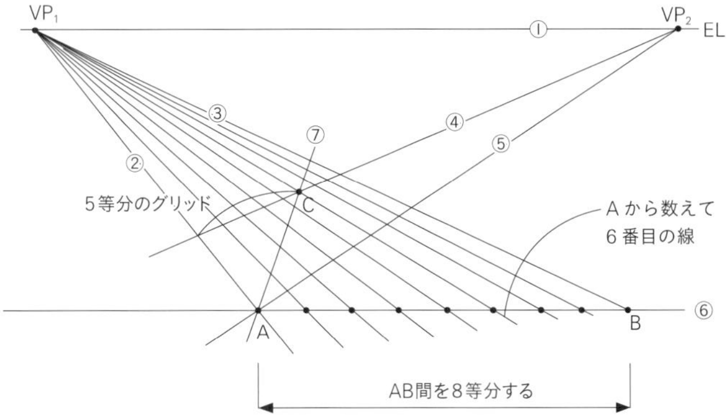

奥行き方向の線を引く

One Point

効率よく分割するコツ！

右図のように、AB という線を分割するとき、線分の長さが半端な場合、きれいに等分するのは難しいものです。
B から適当な角度できりのよい長さの線 A′B を引き（例：8 等分なら 40mm など）、等分します（図では 8 分割）。AA′を結びます（このとき、AA′の角度が 45°とか 60°のような三角定規に合う角度だと描きやすいです）。
分割した A′B の各点から AA′に平行に線を延ばしていきます。その平行線と AB との交点が 8 等分の各点となります。

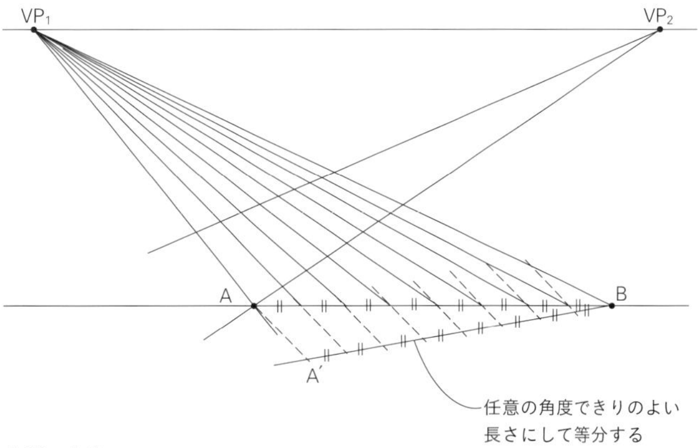

分割の方法

❹〈ABを8等分した各点とVP_1を結んだ各線〉と線⑦の交点からVP_2に線を引きます。敷地にグリッドが作成されます（下図のグレーの部分）。

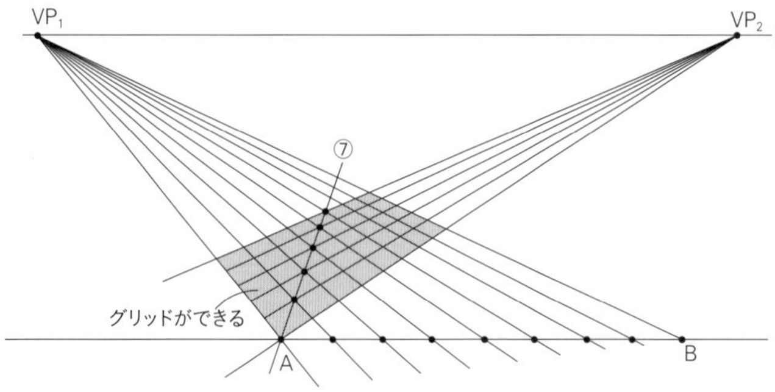

グリッドができる

❺でき上がったグリッド部分は小さいので、拡大コピーし、適当なところでトリミングします。グリッド図に平面図の縦軸、横軸の記号を記入し、2〜3、c〜dのグリッド上に、1m角の立方体*を描き、任意に高さを決定します。

＊1m角の立方体の位置決定は、ベンチなどのファニチャーの高さを表現しやすいところにすることで作図がしやすくなります。最終的に立法体はスケッチには描きません。

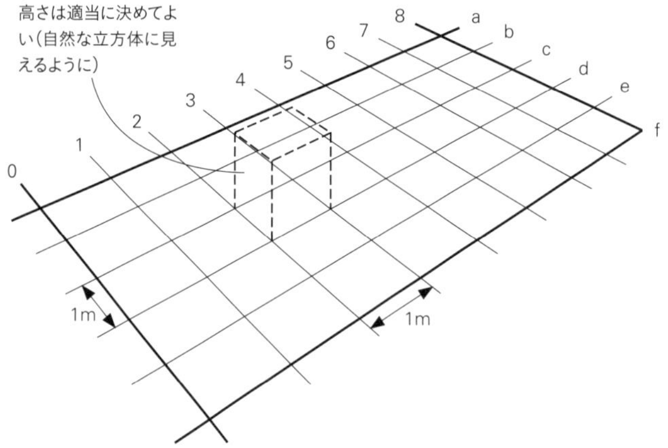

グリッド上に立方体を描く

❻平面図を参照しながら石貼り、池、ベンチ、塀などの位置をプロットします*。

＊正確に位置を出すのは難しいので、グリッドを目安にだいたいの位置をプロットします。

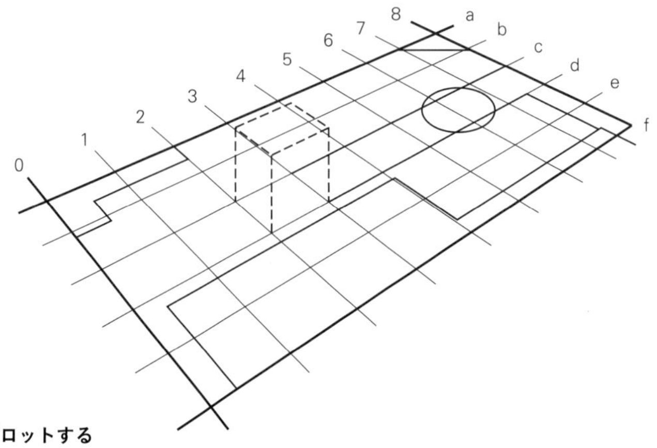

平面図をプロットする

❼❻のように平面をプロットしたら、❺で描いた立方体の高さを基準にして、ベンチ、塀、トレリスなどの高さを求めます*。間口や奥行き方向の線は、パースガイドのグリッドを目安にVP_1、VP_2の消点に向かうように形状を起こします。

*バランスよく見えるだいたいの高さでよいでしょう。

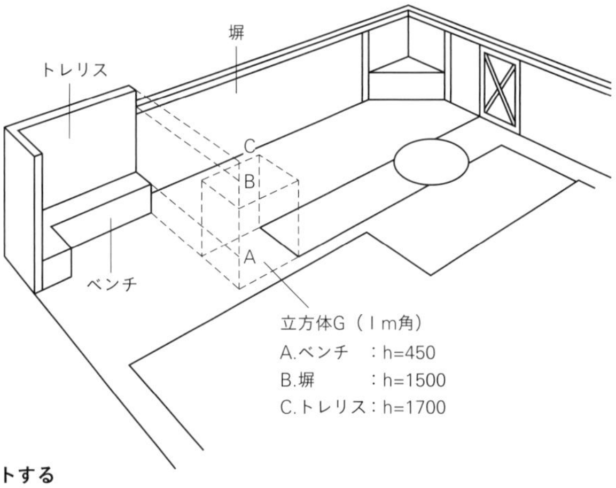

平面図をプロットする

❽植栽の位置や床の模様などのラフスケッチを起こします。

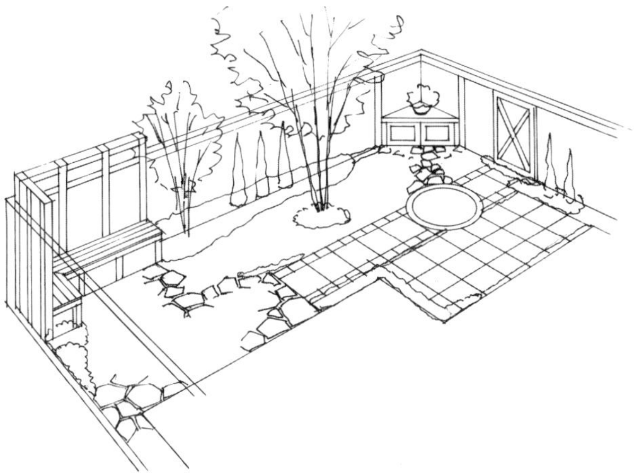

ラフスケッチを起こす

❾ラフスケッチの上にトレーシングペーパーをのせスケッチを清書します。

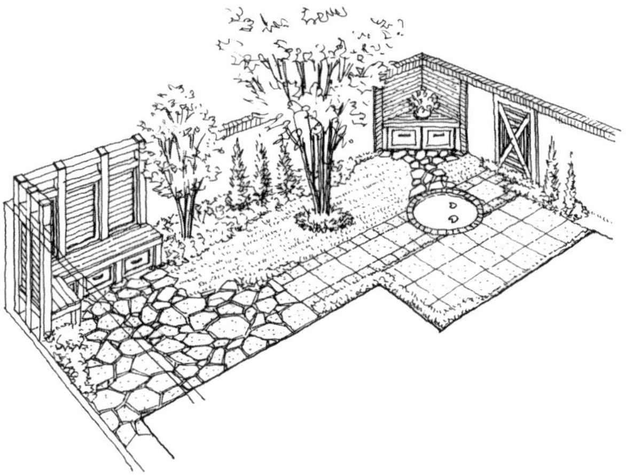

細部を描き込み完成

One Point

グリッド図の割付けを自由自在に行う方法は…

グリッド図法の作図は、グリッドにのるものを描くのは非常に便利です。グリッドにのらないものを描くときは、グリッドを増やすと描きやすくなるものもあります。このようなとき、分割と増殖のテクニックを使います。

(1) 分割 (間口、奥行き、高さについてそれぞれ等分して図示しています)

たとえば、下図の太線部分のオブジェクトは、グリッドのいずれにものりません。グリッドを分割し、オブジェクトの位置のアタリをつけると描きやすくなります。

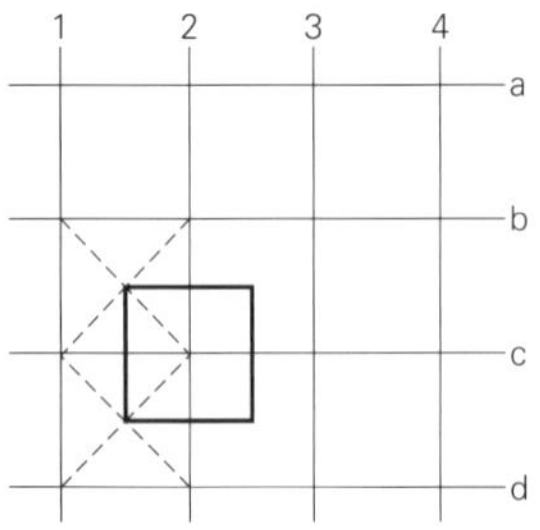

平面図 (グリッドに対角線を引き分割して増やす例)

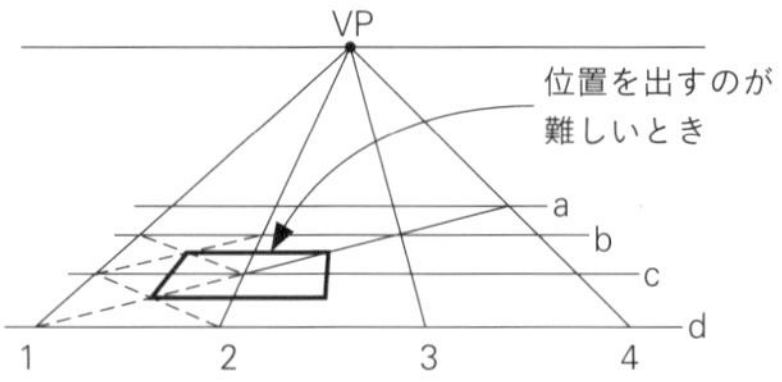

パース

① 2 分割から偶数分割の例

平面、立面図の正方形の対角線を利用すると、容易にできます。

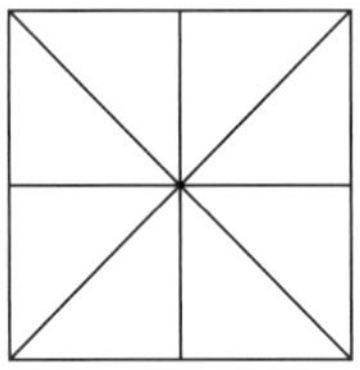

平面図

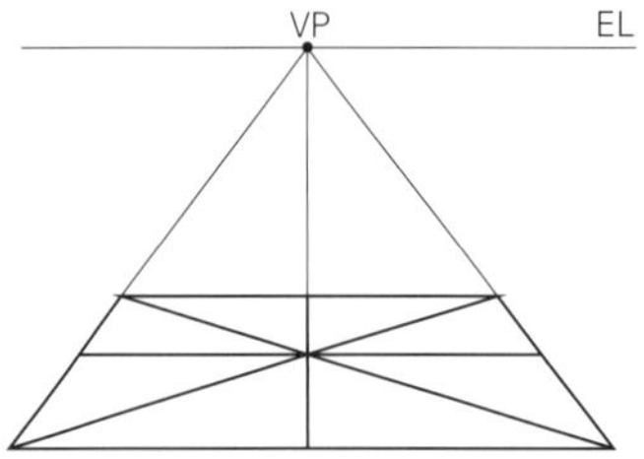

パース (平面)

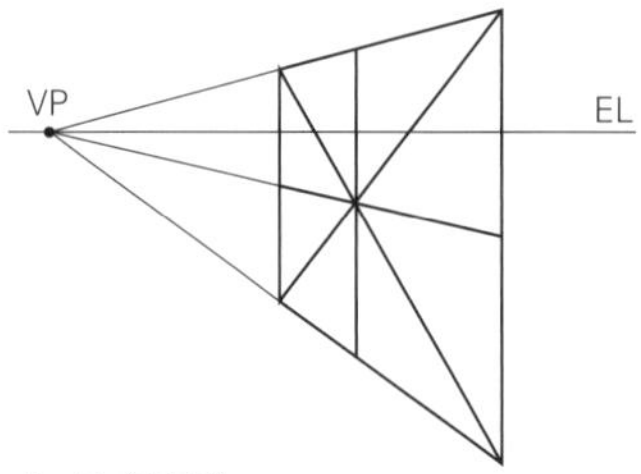

パース (立面)

② 3 分割の例

特殊な割付けですが参考までに図示しました。

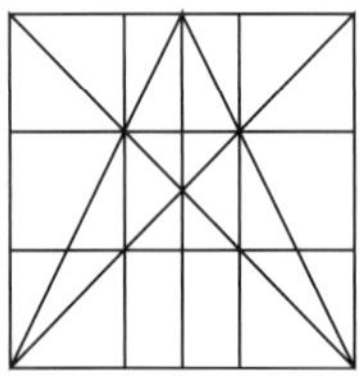

平面図

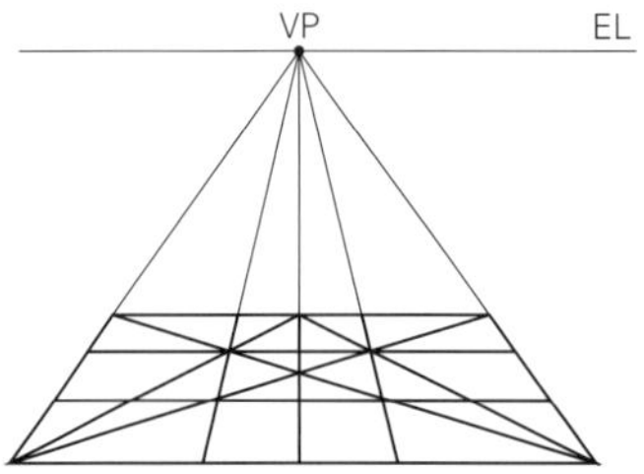

パース (平面)

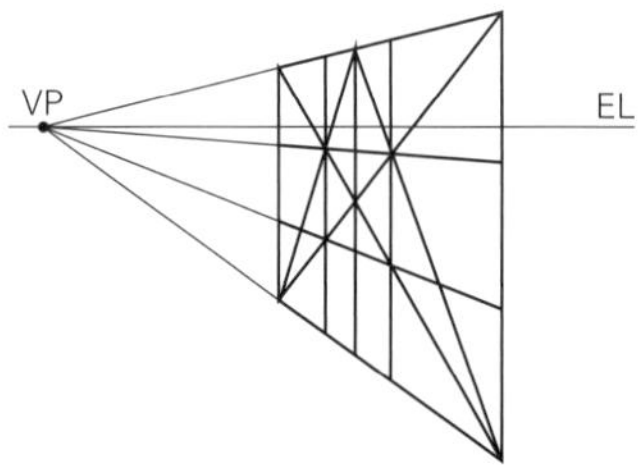

パース (立面)

③奇数分割（例は 5 分割）

高さ方向、または間口方向を奇数分割し、対角線との交点を求めることで、奥行き方向を同じ数で奇数分割する方法です。

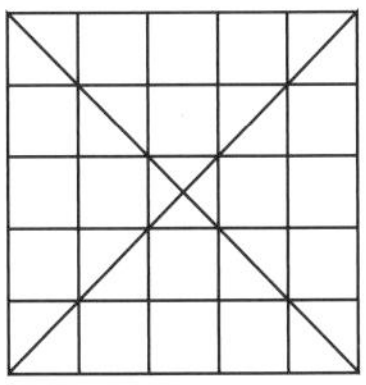

平面図

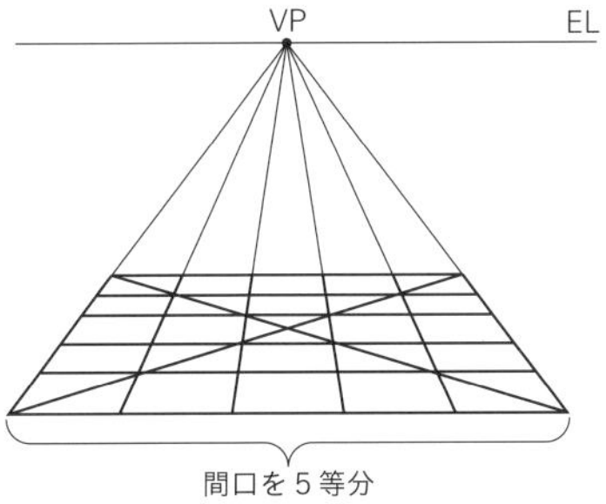

パース（平面）

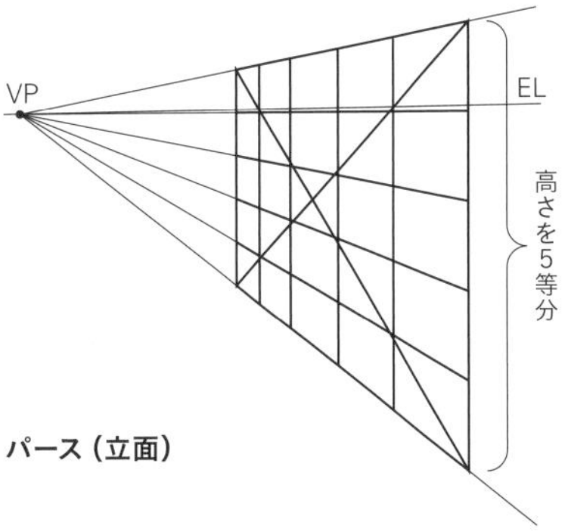

パース（立面）

(2) 増殖

グリッドが足りないときは、増殖させます。下図は、手前の水平線、または垂線上の点を等間隔に増やし、VP と結んでいます。結んだ線と対角線との交点が増えたグリッドの角になります。

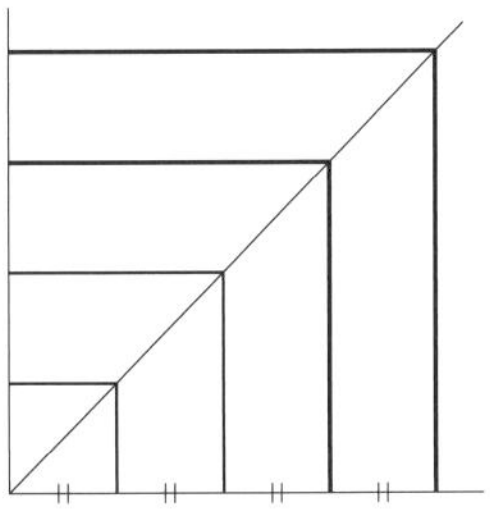

平面

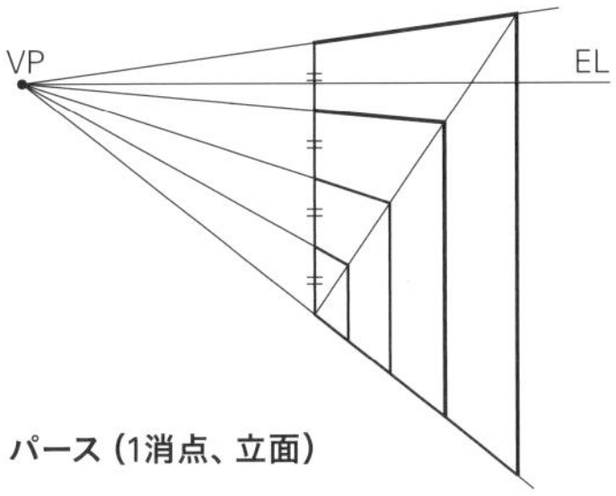

パース（1消点、立面）

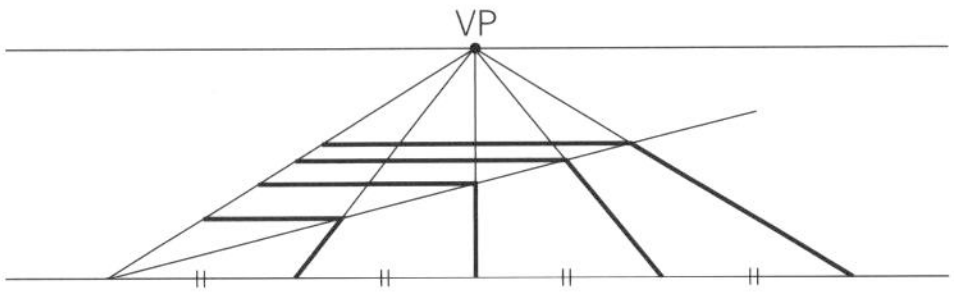

パース（1消点）

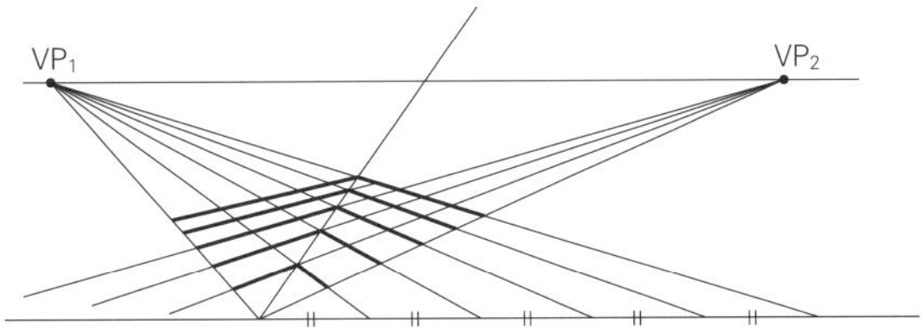

パース（2消点）

3 立面図に奥行きをつけて描く（1消点）

グリッド図法では、メインガーデン▶5 全体を表す作図を例題にしてきましたが、ここでは、アプローチやファサード▶6 また塀のコーナーやオーナメント▶7、オブジェ▶8 といった、細部や部分を描くショットパース（部分パース）に向いている簡略図法を紹介します。

ここで紹介する1消点の作図は、描きたい立面図を正面としたとき、その立面図に奥行きをつけることで立体的に描く方法です。立面図の長さ、高さの寸法を、そのままパース上の比率に置き換えられるので初心者にもわかりやすい図法です。

EL（アイレベル）の高さを、人の立った目線の高さ＝1500mm にすることで、生活感を感じられる表現ができます。

下図のアプローチの平面・立面図を使って、簡単な1消点パースを作図してみましょう。このとき、SP は、南側から北に向かって見た方向、EL ＝ 1500mm、平面・立面図のスケールは1/60 としています。

▶ 5：メインガーデン（主庭）
敷地の中心となる庭で、住宅の場合、通常居間に面している庭をいいます。

▶ 6：ファサード
英語の face（フェイス）に当たる同じ意味のフランス語。顔、外観、正面のこと。建築用語では建物の正面を指します。

▶ 7：オーナメント
装飾、装飾品、飾り付けの意味で、動・植物のモチーフや抽象的、幾何学的なものもあります。建築用語のデコレーションも同じ意味です。

▶ 8：オブジェ
フランス語で「対象物」や「物体」の意味。庭園設計では「彫刻」などの意味合いで扱われています。

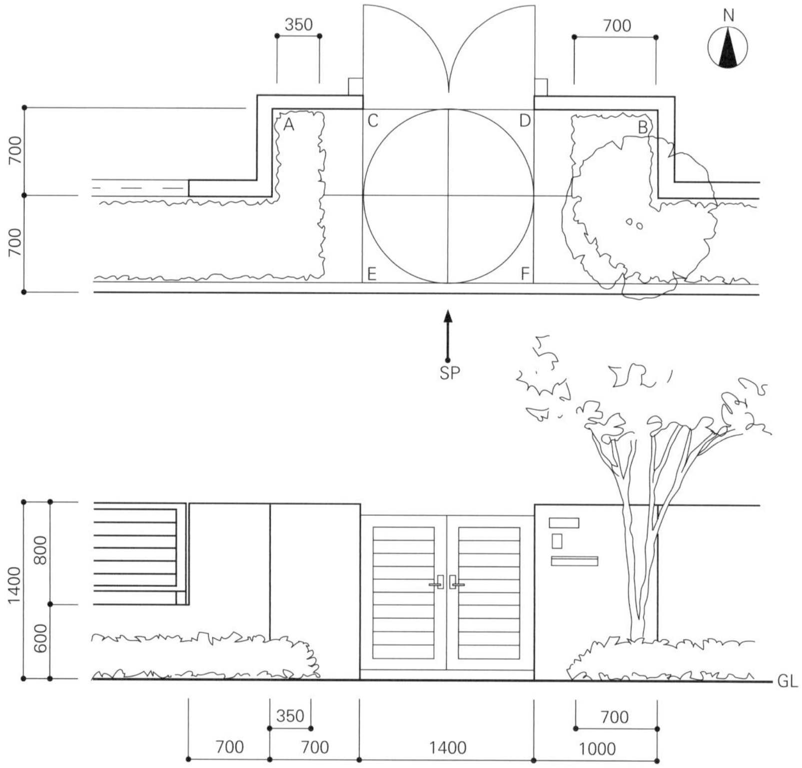

平面図、立面図（1/60）

❶まず、図のように、GL（地面）となる水平線①を引き、それと平行に平面・立面図のスケールに合わせてEL＝1500mmになるように線②を引きます（下図では1/60で作図しています）。

GL、ELを引く

❷線②上に消点VPを置き、VPを中心として立面図の外形を薄い線でGL上に描きます。
また、塀の入隅に当たるA､Bと門の両側のC､DとVPを結びます。図では点線で表示しています。

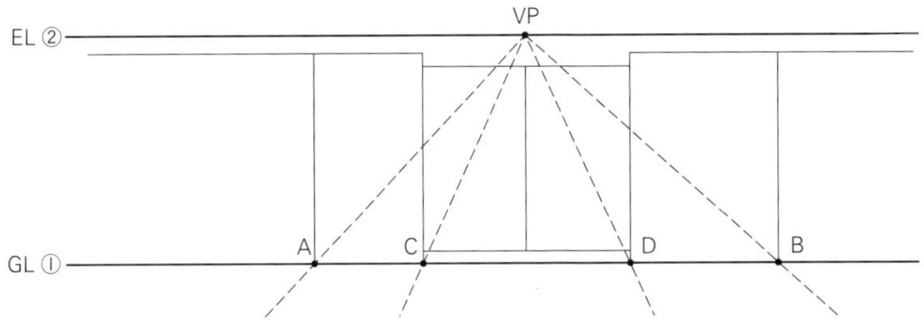

VPとA、B、C、Dを結ぶ

❸門扉前のアプローチ床面にある正方形CDFEと目地を描くためのガイドとして、任意の水平線③を描きます。一概には言えませんが、図のように、EL＝1500mmのパースの場合は間口より奥行きを35～50％程度狭くすることでパースで見たとき自然な正方形に見えます。

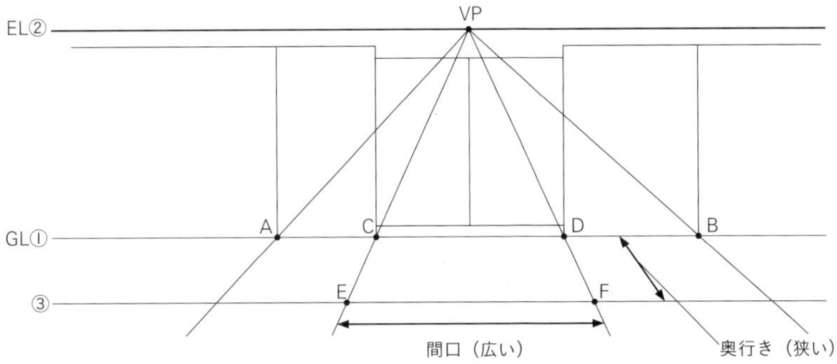

正方形に見える位置に水平線③を描く

❹❸でできた門扉前の正方形 CDFE の対角線を引き、その交点 O を通る水平線④を引きます。すると正方形 CDFE が 4 分割されます。

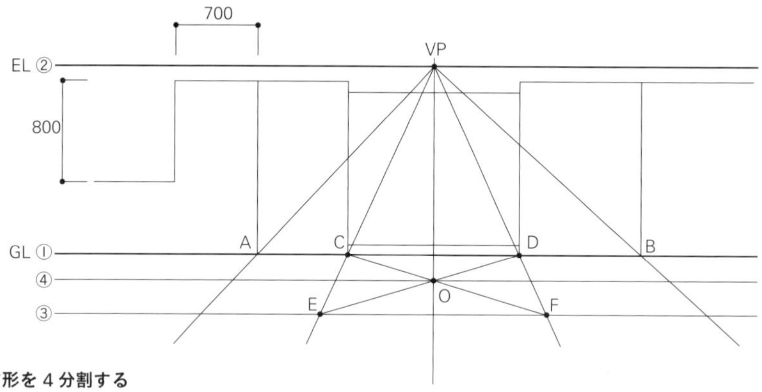

正方形を 4 分割する

＊壁の厚みは適当に、バランスよくとります。

❺下図のように、VP-A の延長線上に G、VP-B の延長線上に H をとり、G、H に垂線を引いて塀の線を描きます。C、D の位置の壁の線を二重にして壁厚を表現します*。次に左側の塀の凹凸を描きます。A を通る垂線に、上端から 800mm の位置に A_1 をとります。VP-A_1 の延長と、G に引いた垂線との交点を A_2 とします。A_2 の高さが左の塀の凹凸の下端の高さとなります。

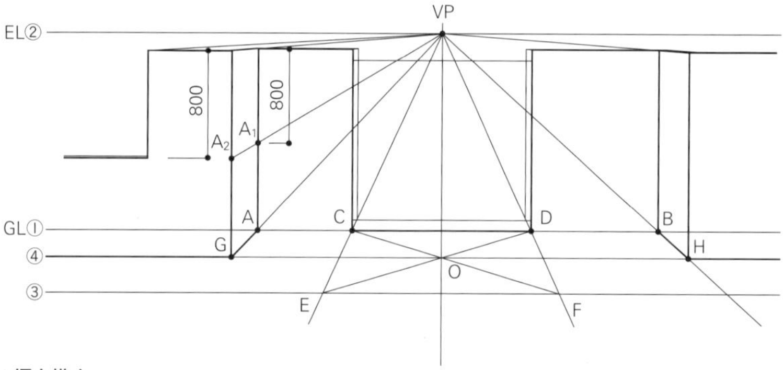

両側の塀を描く

＊この図は線を見やすいようやや上から見た構図にしています。

立面図の塀の左上の角を A_3 とし、VP と結びます。A_4 を通る水平線と A_3-VP の延長の交点が塀の角 A_5 になります。A_5 に引いた垂線と A_2 を通る水平線から塀の下端の角 A_6 が求まります*。

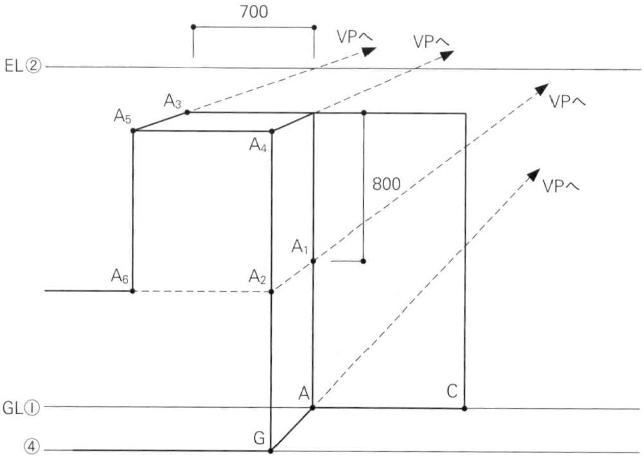

塀の左側の凹凸を描く

❻次に、植栽部分を描きます。右の植込みはゆるやかなカーブを描いていますが、この描き方を説明します。右の塀の角部分Hを中心とする円を想定します（下図のグレーの部分）。平面図の上から見たときの植込みの形を1/4の円と見なします。

1/4円くらいの短いカーブを描く場合は、下図左のように、正方形の対角線と円弧の交点Pをイメージします。Pを通る垂線は線LMをおよそ2：5に分割します。下図右のようにパース上でも、まずNを求め、対角線LHとVP-Nの交点Pを求めてKPMをゆるやかに結ぶと円の表現が上手にできます*。

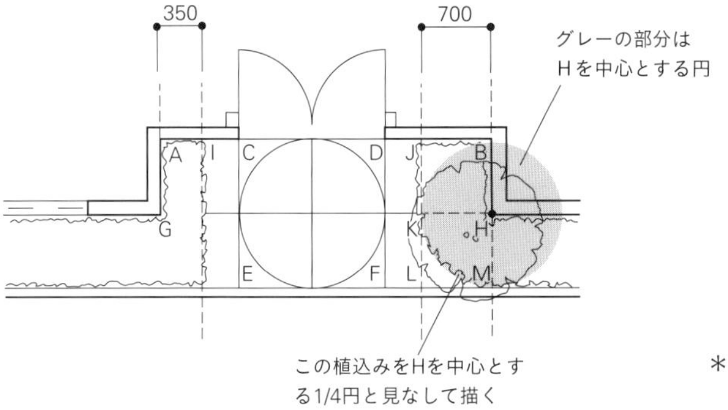

植込みは円弧でだいたいの形をとる

*この円の描き方については、中山繁信『スケッチ感覚でパースが描ける本』（彰国社）を参考としています。

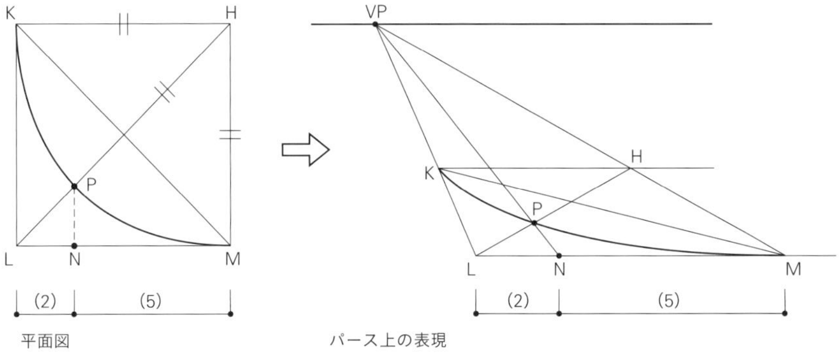

パース上の円弧の描き方（図中のカッコ内の数字は比率を表す）

❼パース全体で見ると下図のようになります。左側の植栽ゾーンはIとVPを結んで描きます。AI、JBは実寸で350、700mmをとります。

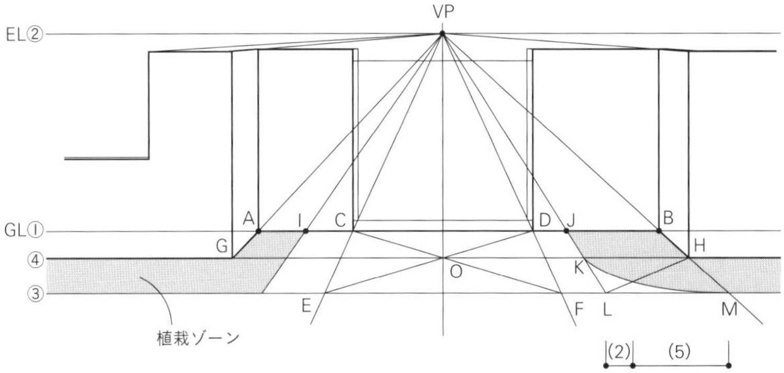

植栽ゾーンを描いた状態

❽次に、門扉前の正方形の中に円を表現します。EFを2分する点をO_1とします。図のように、EO_1、FO_1を2：5の比に分割するような点Q、Rを求めます。Q、RをそれぞれVPと結び、正方形の対角線との交点4カ所を通るように、正方形CDFEに内接するパースの円を描きます。市販の楕円定規で近似値の楕円を選択して描くと、かなり上手に表現できます。

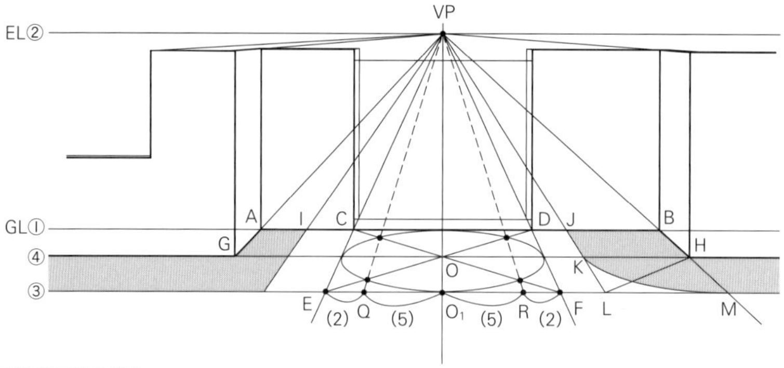

パースの中に円を描く

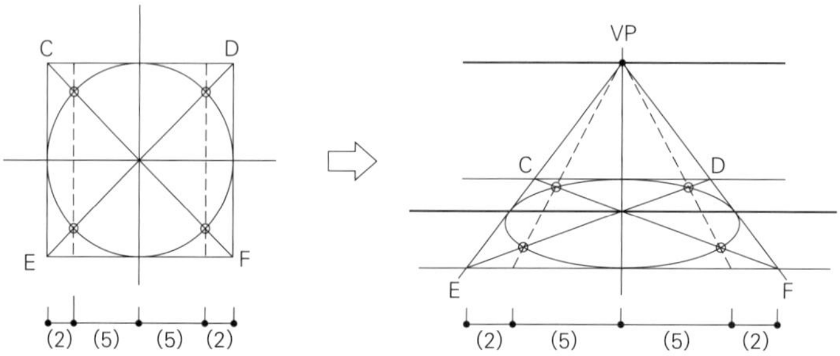

平面図

パースの円

パースの中の円の描き方

❾❽で完成した作図の上に、トレーシングペーパーをのせ、植栽→門扉→塀→表札・ポスト・インターフォン、の順に描き込むとスケッチの完成です。

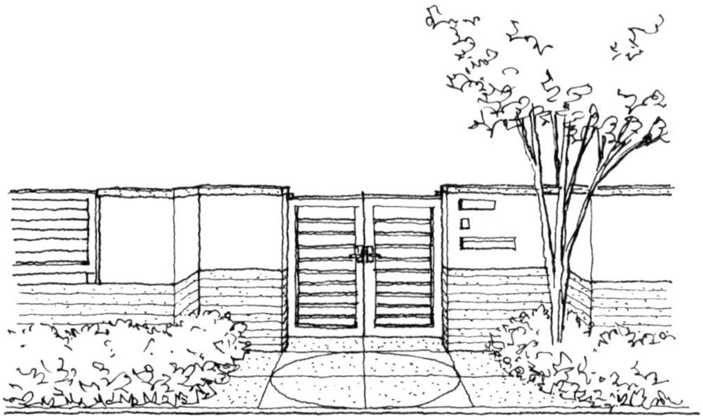

完成図

4 平・立面図の比率から描く（2 消点）

この 2 消点の作図は、間口方向と奥行き方向の 2 つの消点を使います。平面・立面図における間口、奥行きの長さの比率を簡単にパース上の比率に変えることのできる方法です。それでは、以下のアプローチの図面で 2 消点の作図をしてみましょう。
条件は SP：南西から南東を見た方向、EL ＝ 1500 mm、平面・立面図のスケール：1/100 です。

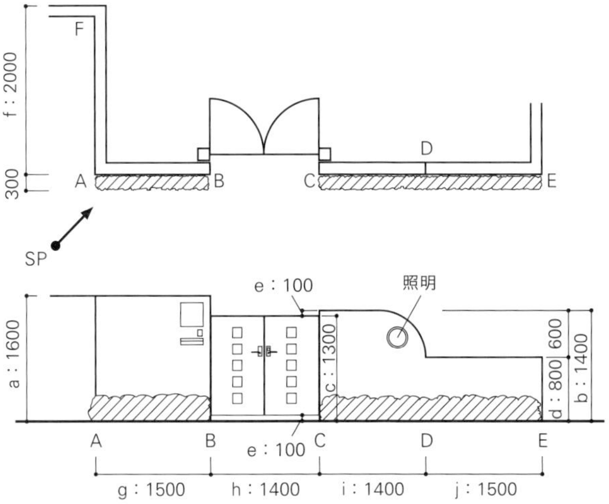

平面図、立面図（1/100）

「はじめる前に…」

どんなアングルにしたいのかを、平面・立面図を見ながら、マッス（かたまり）▶9 でよいので、イメージスケッチをし、EL 上の VP_1、VP_2 の位置を検討しておくと、作図の作業がしやすくなります。

▶ 9：マッス
美術用語で塊（かたまり）のこと。ここではパースの塀、住宅などの対象物をアングルも含め、大枠でとらえることをいいます。

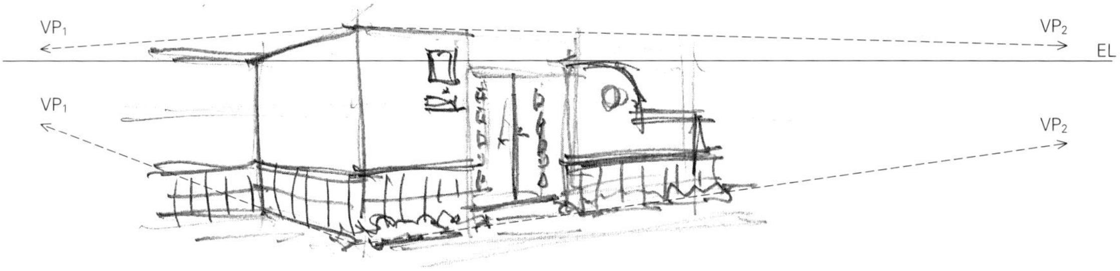

イメージスケッチを起こす

❶GL となる水平線①、GL に平行な EL の線②を引きます。下図では EL の高さを 1/100 で作図しています。「はじめる前に…」のイメージスケッチを参考にして、中央より左寄りに、塀の出隅 A の位置である垂線③を引きます。消点 VP_1、VP_2 の位置を決定します。

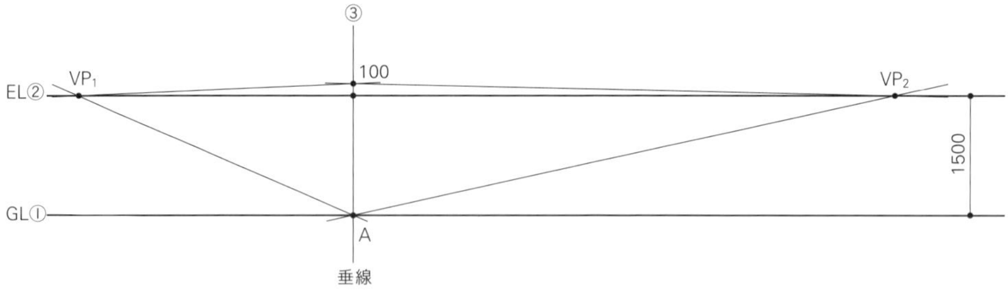

GL、EL、消点をとる

One Point

2 消点の VP_1 と VP_2 の位置関係の法則に気づけ！

間口方向の消点（作図例では VP_2）は、予想して決めた位置より、かなり垂線から離れる場合が多いので気をつけて位置を決めましょう！
垂線と VP_1 の距離が近い場合は、垂線と VP_2 の距離が遠くなります。
垂線と VP_2 までの距離が近いと、作図がゆがんで見え、バランスの悪い構図になるので注意が必要です。

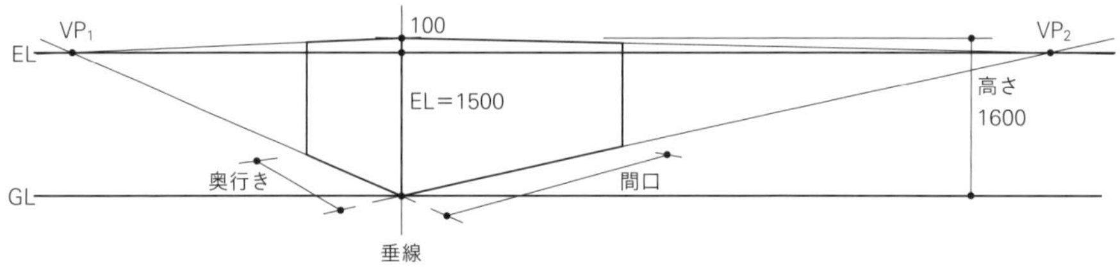

VP_1、VP_2 の位置が垂線と適度な距離にありバランスのよい図

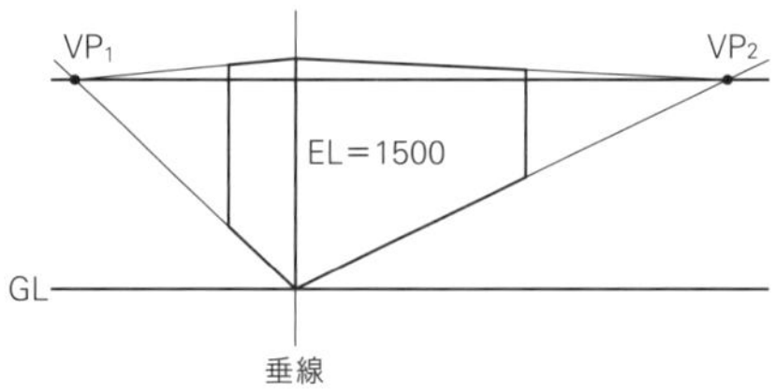

VP_1、VP_2 の位置が垂線に近くバランスの悪い図

❷立面図に示してある a ～ e の寸法を、A に引いた垂線③上にとります。
また、GL 上にも、平面方向の実長である、B ～ F の点をとります。

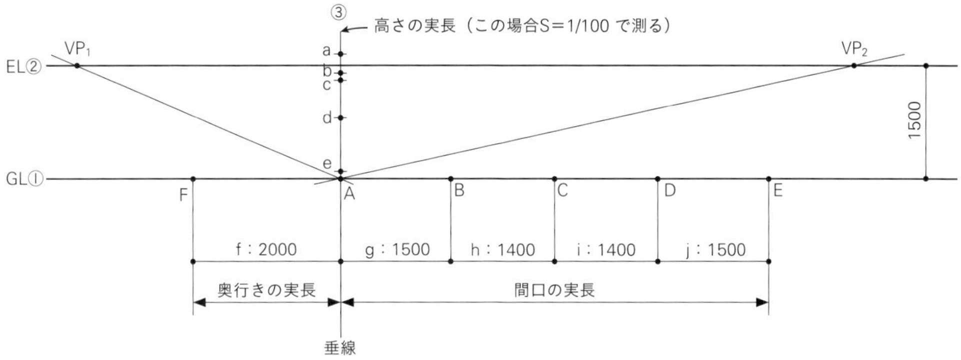

間口と高さの実長をとる

❸B ～ E の間口の点は VP_1 と、奥行きの点 F は VP_2 と結びます。また、垂線③上の点 a は VP_1、VP_2 と結びます。線の数が多くなるので、ガイドとして、薄い線で下描きしておきましょう。

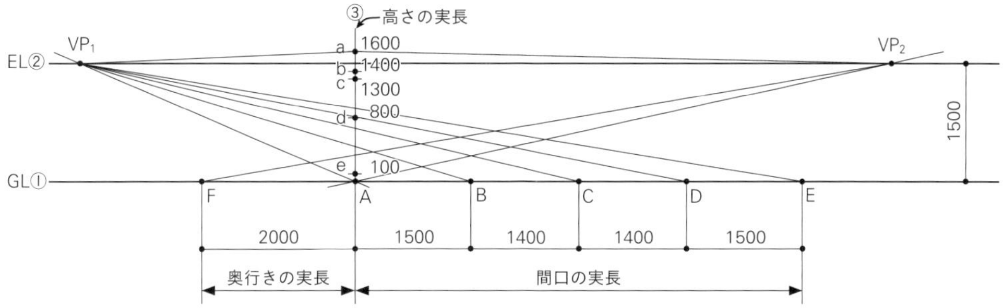

消点と各点を結び下端の外形をとる

❹B ～ E と VP_1 を結んだ線と、A-VP_2 の交点をそれぞれ B_1 ～ E_1 とします。F-VP_2 と A-VP_1 の交点を F_1 とします。下図のように、B_1 ～ E_1、F_1 に垂線を引きます。a、b、c、d、e と VP_2 を結びます。
立面図では、B の位置の塀の高さは a なので、B_1 に引いた垂線と a-VP_2 を結んだ線との交点が B_1 における塀の高さになります。同様に、C_1 ～ E_1、F_1 の位置の塀の高さも求まります。

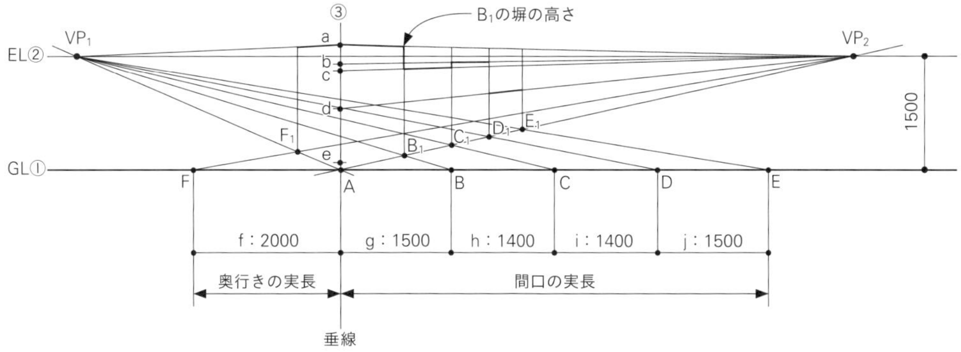

高さの外形をとる

❺B_1 ～ E_1 の位置の塀の高さが求まると、下図の、グレーの部分のように塀の大まかな形が浮かび上がります。

塀の厚みは、たとえば A の位置から厚み 100 だけ左に A_1 をとり、VP_2 と結ぶと表現できます（右下拡大図）。C-VP_1 と A_1-VP_2 の交点 C_2 が、C の位置におけるパース上の壁の厚みです。塀の厚みは実際作図をしてみると、想像していたより薄くなるため、きゃしゃに見えそうな場合は多少厚くしてもかまいません。

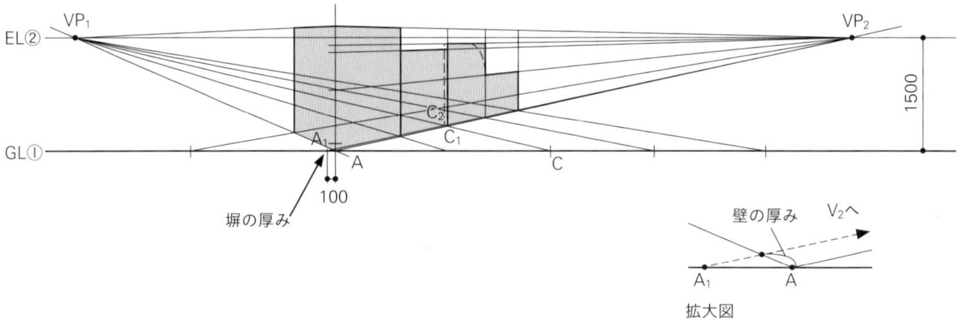

塀の厚みを表現する

扇形の塀の表現は、厳密に作図をすると、下図のように、P：Q ＝ 5：2 となるような、接線を想定して作図することになりますが、不自然に見えなければフリーハンドで描いて問題ないでしょう。

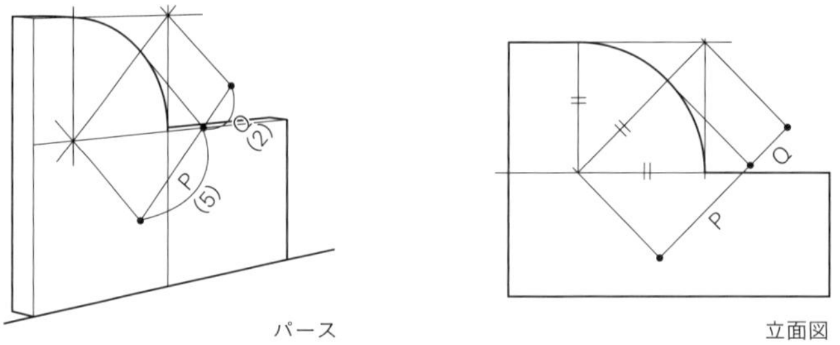

塀の丸みを表現する

❻❺の作図の上に、トレーシングペーパーをのせて、植栽や、塀の仕上げを描いて完成です。描きにくければ、下絵の図を拡大コピーするとよいでしょう。

細部を表現する

5 1消点＋2消点のパースの描き方

塀のコーナー部分は、設計者にとってデザインを施しやすい部分です。

たとえば、下図のような塀のコーナーのパースを描くに当たっては、左右の塀の消点が2つ、また、床の目地や工作物などの消点が1つと、合計で消点が3つ出てくることになり*、作図をする場合には、かなり複雑になります。

そのようなケースに対応できる作図の方法を解説していきます。

SPは、左右の塀に対して45°方向に位置しており、EL＝1200mm、平面図のスケールは1/30、立面図のスケールは1/30です。

直角に折れる左右の塀はh＝1500mm、五角柱の花台はh＝700mmの設定で作図をします。

*構図的には1消点なのですが、「はじめる前に」の右図のように、見る方向に対し、左右の塀が角度がついているため、左右にも消点が生まれます。

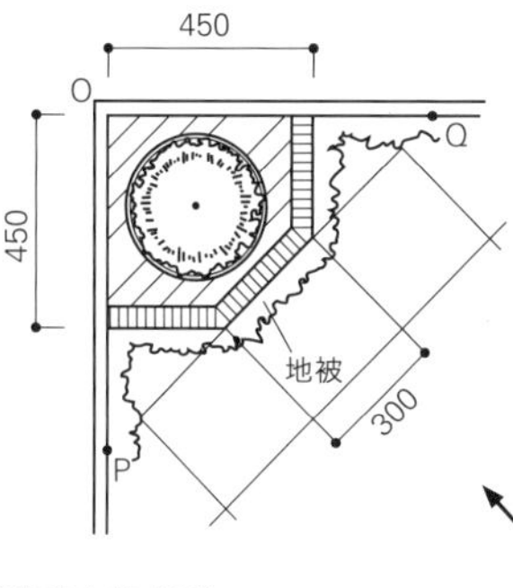

平面図（1/30）

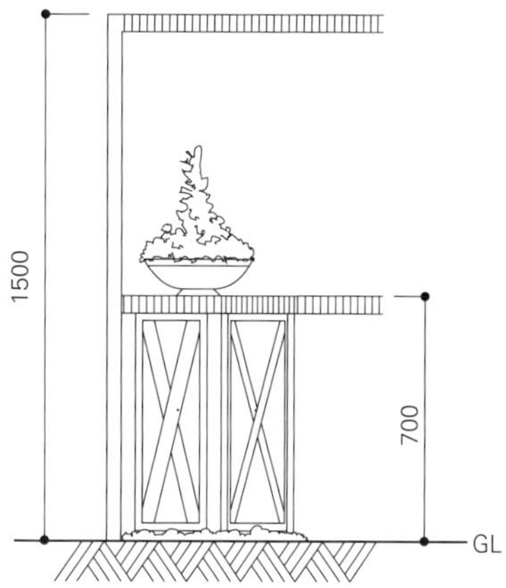

立面図（1/30）

「はじめる前に…」

まずイメージスケッチをしてみましょう。

アングルは、塀や花台がシンメトリーに見えるように想定します。

イメージスケッチの上に、右の図のように、EL、構図の中心の垂線、左右の塀の線を描いてみます。

右の塀の線は左のVP$_1$へ、左の塀の線は右のVP$_2$の点に消失していきます。これがこのパースの構図になります。

イメージスケッチ

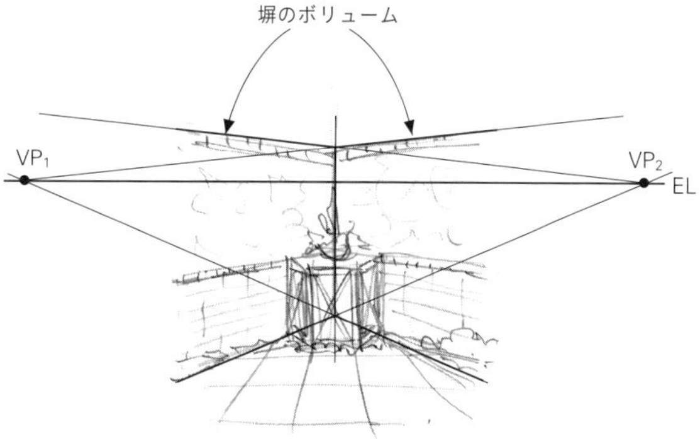

パースのだいたいの構図

❶平面図に、見る方向（左右の塀に対して45°）と平行になるようにグリッドを入れます（この場合は床に引いたタイルの目地がグリッドと完全に一致しています）。見る方向と平行の軸線は1～6、見る方向に直角の軸線はa～eと記号を付けます。

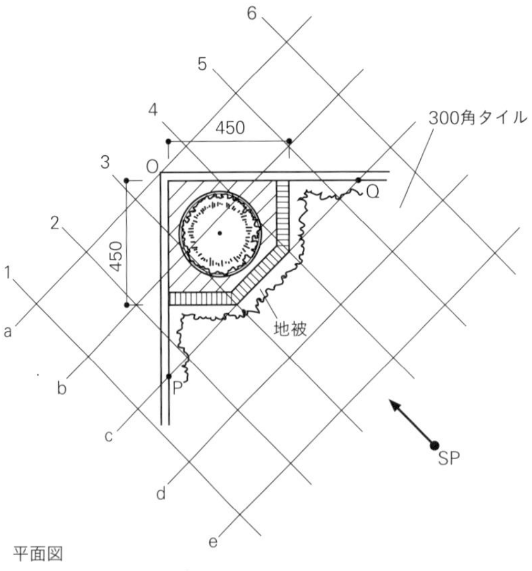

平面図にグリッドを引く

❷任意にGLの水平線①を引き、GLと平行に1200mmの高さでELの線②を引きます（作図は1/60で描いています）。次に、画面の中心に垂線③を引き、左右の塀がシンメトリーに見えるようにするため、$\ell_1 = \ell_2$ になるように、VP_1、VP_2 を決めます。各々の消点と、垂線とGLの交点Oを結び、線④、⑤を引きます。垂線③とELの線②の交点は VP_3 とします＊。

＊ VP_3 はセンターヴァニシングポイントともいいます。1消点や2消点の透視図法で作図するとき、その構図の中央または、中央よりに設定した消点をいいます。シンメトリーな構図やインテリアパースによく見受けられます。

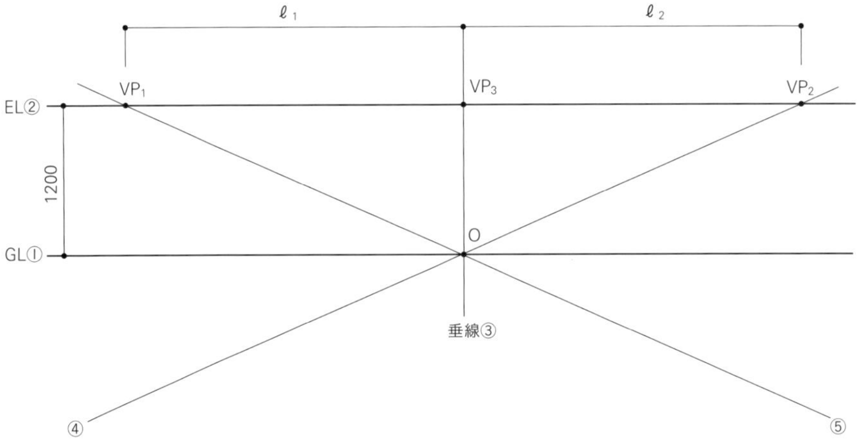

GL、EL、消点を決める（作図は1/60）

❸垂線③上に花台：h＝700mm を表す O_1、塀：h＝1500mm を表す O_2 をとり、線①上に 300mm 角タイルの割付けを入れます。また、VP_1、VP_2 と線③上にとった塀の高さの点 O_2 を線⑥、⑦で各々結び、塀の外形線を描きます。

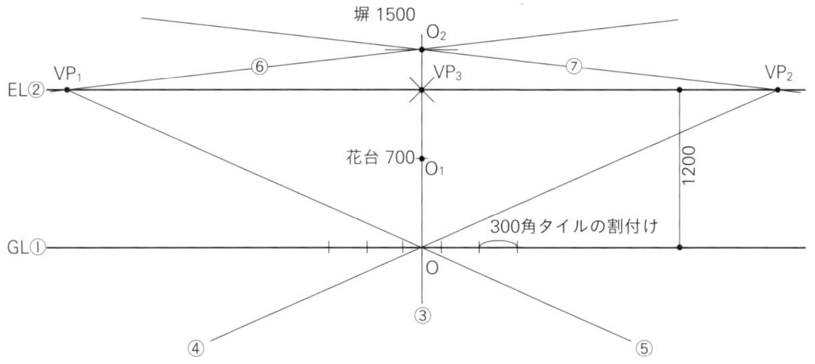

垂線に花台と塀の高さをとり塀の外形線を描く

❹GL である線①上に、300mm 角タイルの割付けした点と VP_3 を各々結び、1〜6の軸線をつくります。VP_1 と〈軸線1と GL の交点〉を結ぶ線⑧を引き、線⑧と軸線2〜5との各交点に線①と平行になるように b〜e の軸線をつくります。このとき GL と軸線 a は一致します。

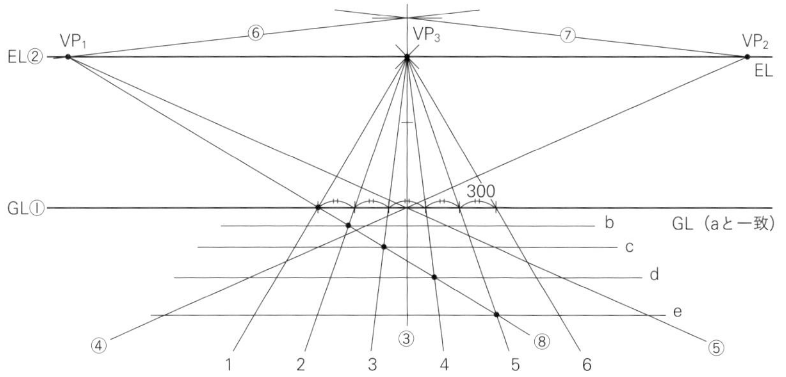

グリッドを描く

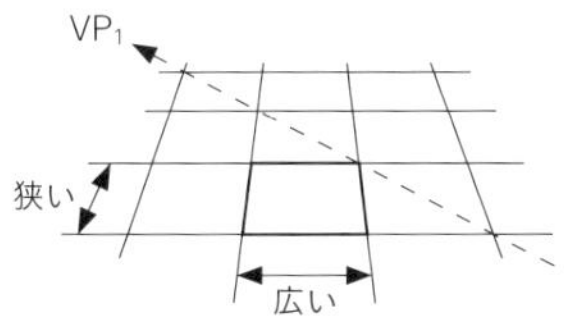

この作業で 300mm 角タイルの割付けができることになります。

左図のように、1つのグリッドの間口方向は広く、奥行き方向は狭くなっていると作図が上手にできていることになります。奥行き方向が間口方向より広くなるときは、この例と比べて VP_1 と VP_3 の距離が短い場合に起こりがちです。

VP_1、VP_2 と VP_3 の距離が短い場合は、花台に近づいて見ている構図となり、反対に VP_1、VP_2 と VP_3 の距離が長い場合は、花台から離れて見ている構図になります。

❺次に、五角柱の花台のボリュームを出します。平面図のグリッド割付けから、平面図の三角形OPQをプロットし、そのプロットした各々の点から垂線を立ち上げます。垂線③上に求めたh＝700mmの点O_1とVP_1、VP_2を結ぶ線を引きます。P、Qから起こした垂線との交点P_1、Q_1を求め、三角柱OPQ-$O_1P_1Q_1$を作図します。

次に、パース内に引いたグリッド上の〈軸線3と軸線cの交点B〉とVP_1を、〈軸線4と軸線cの交点C〉をVP_2と結ぶ線を引き、五角形OABCDを求めます。また、垂線上のh＝700mm上の位置についても同様に五角形$O_1A_1B_1C_1D_1$を求めます。上下の五角形を結んで花台の形状を表現します。

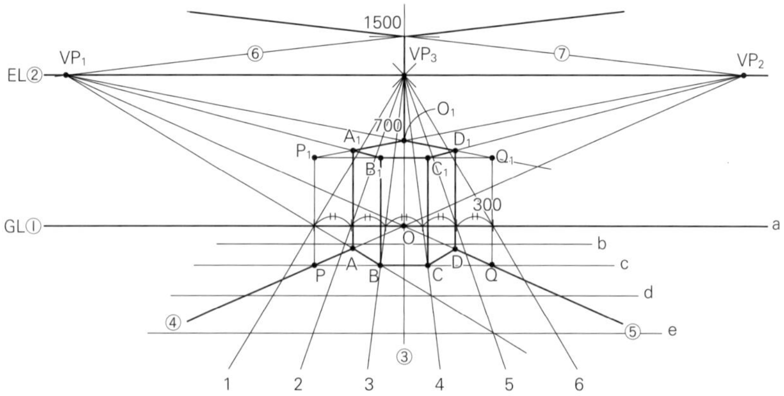

花台を描く

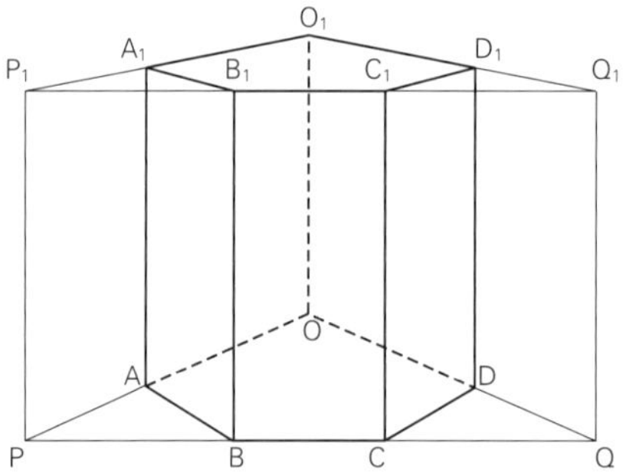

花台の拡大図

❻❺の作業が終了したら、余計な線を消して整理しましょう。

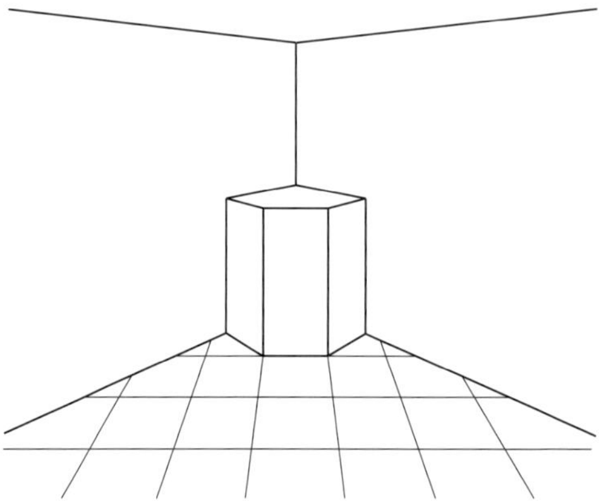

余計な線を消す

❼❻の整理した図の上に、トレーシングペーパーをのせ、植栽→花鉢→花台→塀→塀や床のタイル目地、の順に描いて仕上げます。
塀のコテむらの表現はモノクロの場合は鉛筆で薄く、着色を施す場合はスケッチの段階では表現をしないほうが、きれいな仕上がりになります。

細部を描き込み完成

4 アイソメ・アクソメの描き方

1 アイソメを描く

下記の図面を用いて南東45°方向から見たアングルでアイソメを作図してみましょう。図面は、縮尺1/70なのでアイソメも同様のスケールで作図してください。

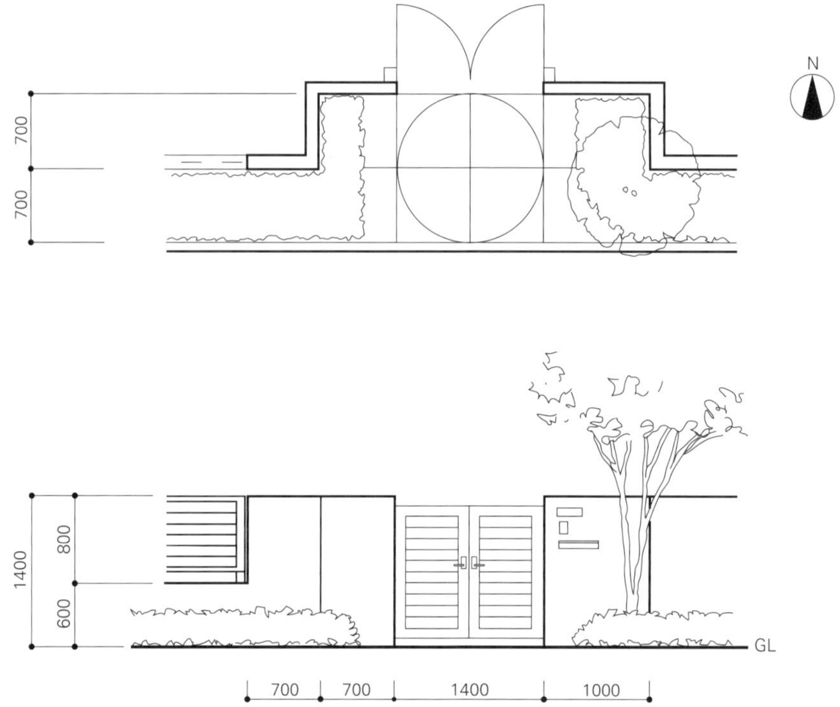

平面・立面図（縮尺：1/70）

❶任意に水平線①を引き、その線上に任意の点Aを決めます。そして、点Aを基準に水平線から左右30°に線②、③を引きます。

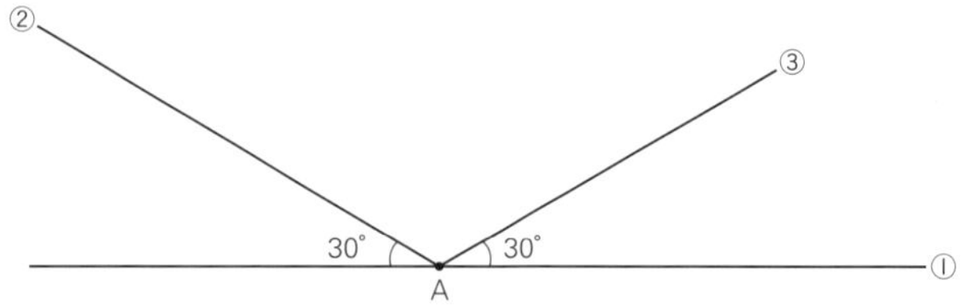

水平線と左右30°の線を引く

❷まず塀の位置を出してみましょう。線②と平行になるように奥行き方向に700mm（図面の表現で10mm）をとり、線②′を引きます。また、線③と平行になるよう、間口方向に1400mm（図面の表現で20mm）をとり、線③′を引きます。同様に線②と平行に、線②″、線③と平行に線③″を求めると塀の位置が出せます。

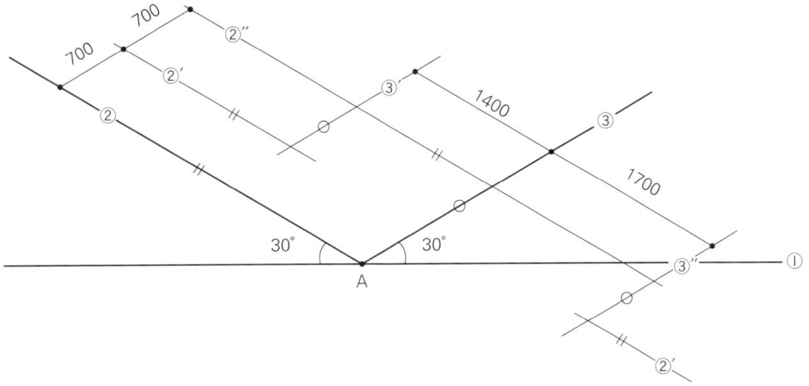

塀の外形を描く

❸❷と同様の方法で塀の厚み、内扉、アプローチ床の目地、植栽の位置を各々、図面から測り取り、敷地面に位置をプロットします。床の円の描き方はOne Point（43ページ）を参照してください。

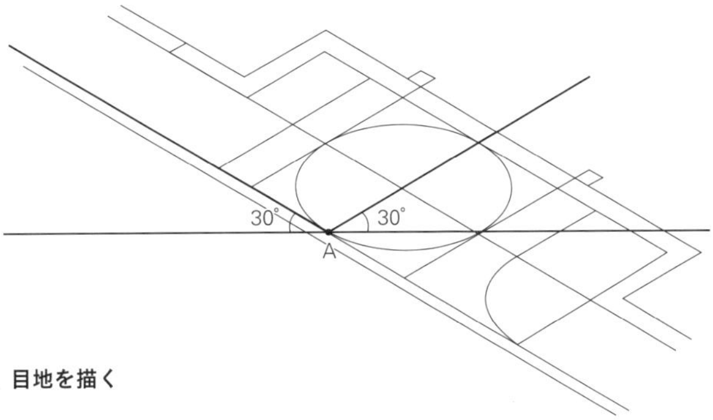

塀の厚みや柱、目地を描く

❹❸のプロットした敷地の各位置から、図のように垂線を立ち上げ、塀の高さ（h＝1400mm）を測り、塀の外形を出していきます。どの位置も、同様の高さで測り取ることができます。

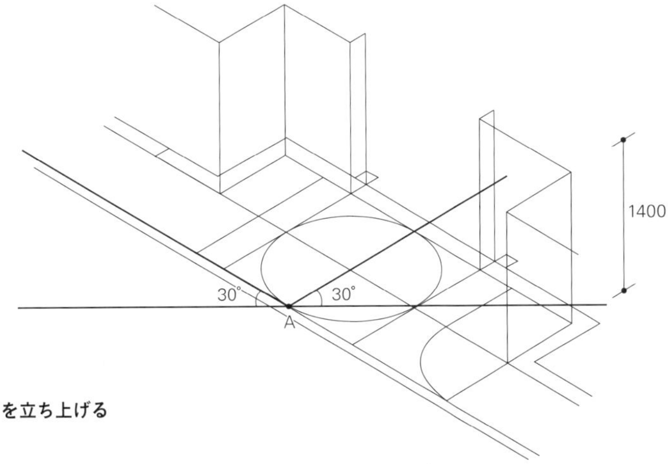

塀の高さを立ち上げる

❺柱や塀に厚みをつけます。すべて平面図、立面図の実寸です。植栽のシンボルツリーはh＝4.5m、図面の中の実寸では約64mmです。

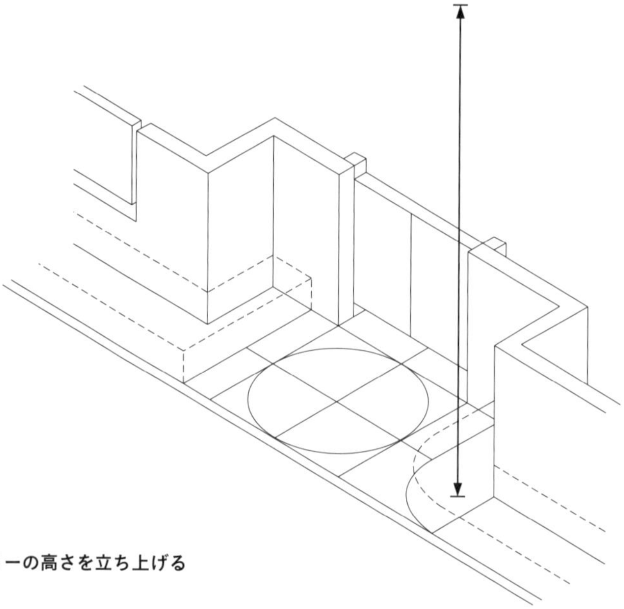

シンボルツリーの高さを立ち上げる

❻❺の作図の上にトレーシングペーパーをのせ、フリーハンドで手前から奥のほうへと順に樹を描き込むと、スケッチが完成します。参考までに描き方は、植栽→塀・門扉・フェンス→石貼りの目地の順です*。

＊植栽の表現方法は6章2を参照してください。

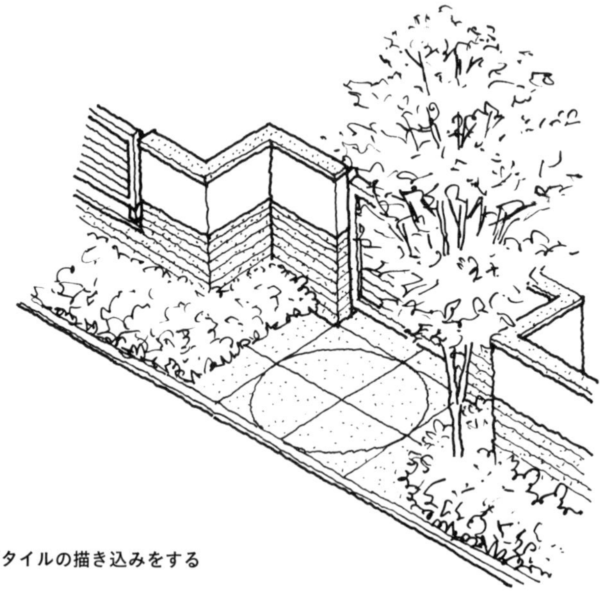

植栽や仕上げタイルの描き込みをする

One Point

円を上手に描くコツ

正円のアイソメの作図は、図①のように正方形に内接する円を考えます。アイソメ上では、円の接点A、B、C、Dは図②の平行四辺形の各辺を2分する点A′、B′、C′、D′となり簡単に求められます。このとき円の接点のみを求めるだけでなく、図①のa、bの長さを測り取り、アイソメ上の平行四辺形の対角線上にa:bの比率を割り付け、点E′を求めます。同様にF′、G′、H′も求め、図③のようにA′→E′→B′→F′→C′→G′→D′→H′の8点をゆるやかに結ぶとアイソメの円が描けます。また、必殺技として、市販の楕円定規の近似値の楕円に合わせて表現するのもひとつの方法です。

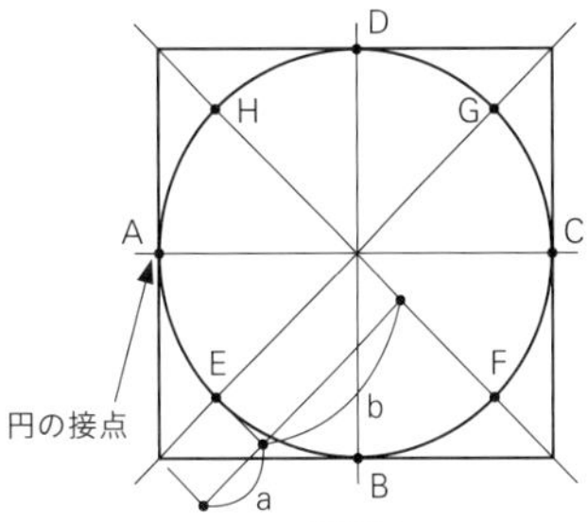

①　平面図

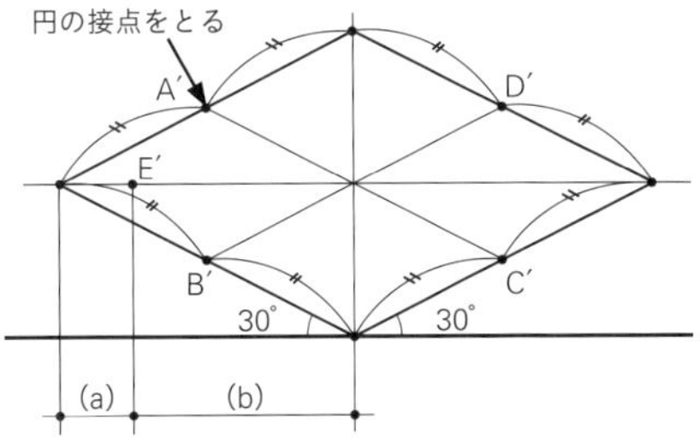

②注：(a)、(b) はa、bの長さの比率であることを表す。

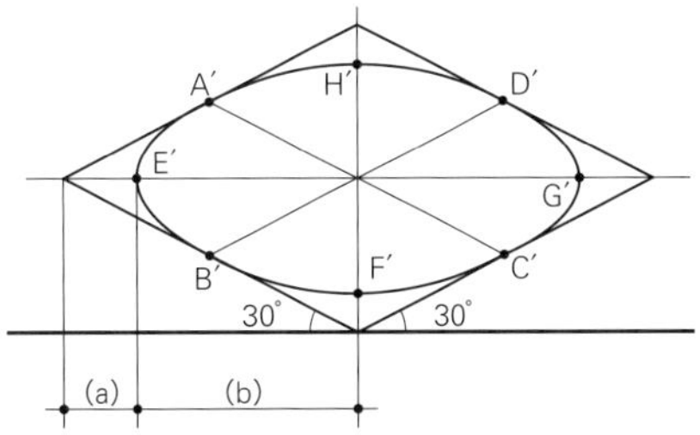

③

2 アクソメを描く

アイソメとアクソメの比較ができるように、同じ図面を用いてアクソメを作図してみましょう。
アクソメも図面と同様の70分の1のスケールで作図してください。

❶水平線①を引き、平面図を30°傾け、図のように張り付けます。図のように線②、③を定めます。

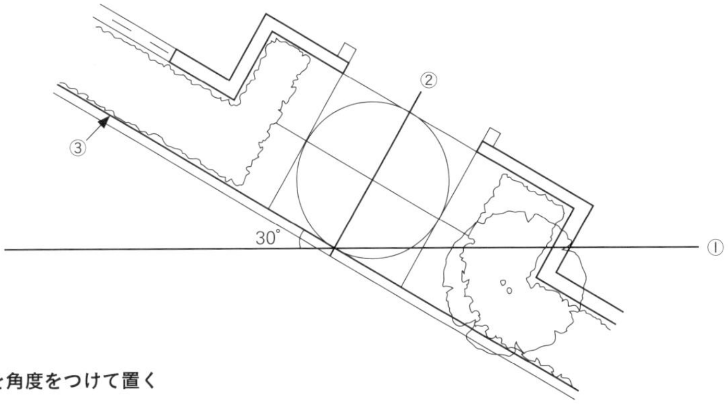

平面図を角度をつけて置く

❷まず塀の高さを出してみましょう。水平線①と垂直に線④〜⑬を引きます。図面から塀の高さ 1400mm（図面上では 20mm）となる点Aを線④上にとります。線③と平行に線③′、線④⑤間に線②と平行になるように線②′を引きます。同様に線⑤〜⑬の間を線②、③のいずれかと平行に線を引いて塀の高さを出していきます。

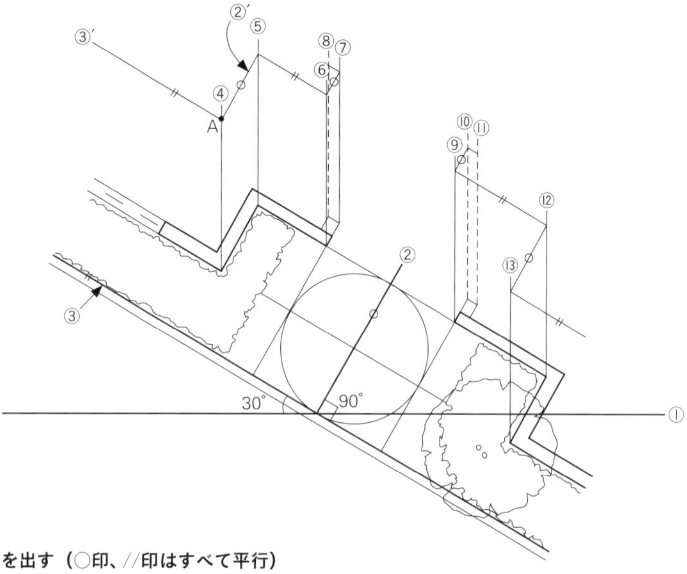

塀の高さを出す（○印、//印はすべて平行）

❸平面図の各点から門扉、植栽などの高さを垂直に立ち上げ、立体的に形状を表現します。植栽のシンボルツリーは、h = 4.5m、図面上では約 64mm です。

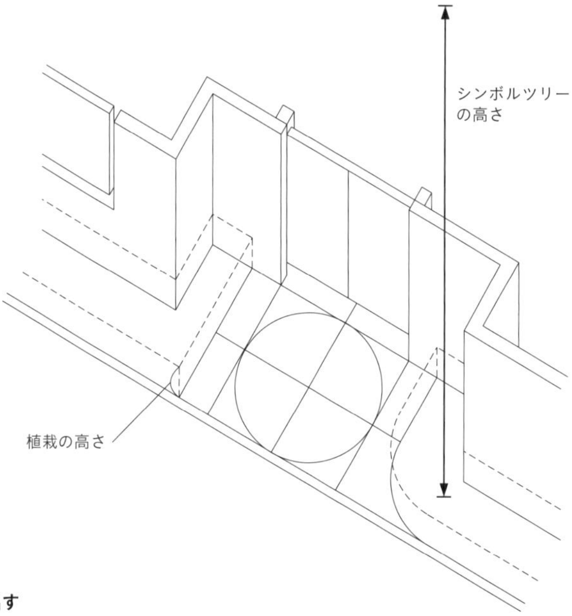

植栽の高さを出す

❹❸の作図の上に、トレーシングペーパーをのせ、フリーハンドで手前から奥のものへと順に描いてスケッチを完成させます。

細部を描き込んで仕上げる

One Point

アイソメ、アクソメは目的によって使い分けよう！

アクソメは平面の位置をプロットするとき、平面図をそのまま30°傾けたまま張り付け、立ち上げれば作図ができるため、アイソメより早く簡単に作図ができる利点があります。しかし、アイソメに比べ、奥行きや高さが強調されるため、敷地が手前に起き上がって見える欠点があります。一概には言えませんが、たとえば、敷地全体を表現する場合は「アイソメ」や鳥瞰パースを、門柱、門袖、モニュメントなどの部分のデザインを見せるには「アクソメ」やELパース（EL＝1500mmのパース）とするなど、目的に合わせて、使い分けすることをおすすめします。

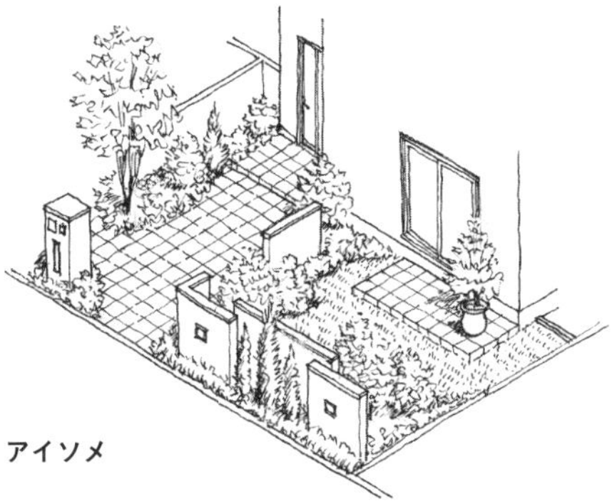

アイソメ

アクソメ

5 陰影で立体感を強調する

陰影は、落とし方次第で、パースや図面の良し悪しが決まるといってもよいほど重要です。それでは、どのような「かげ」をどのように落とすとメリハリのある立体感を強調したパース・図面になるのでしょうか？　まずは「かげ」の意味から説明しましょう。

1 陰影の種類

①「かげ」は2種類

立体の「かげ」は、「影」と「陰」の2種類で構成されます。

「影」は英語の「シャドー/shadow」であり、「光をさえぎってできる物の形。投影」を指します。建物では庇やバルコニー下の壁面に落ちる影がこれに当たります。

「陰」は英語の「シェイド/shade」であり、「光の当たる量が少ないところ」を指します。建物では側面の壁面やバルコニーの上げ裏、軒裏がこれに当たります。

この2種類の「影」と「陰」の明度差を表現することが立体感のあるパースを描くコツになります。

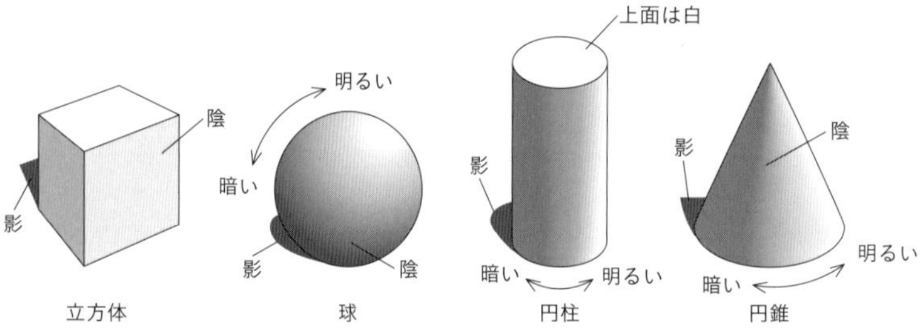

陰と影

②陰と影の違い

立方体、球体、円柱、円錐にそれぞれ同じ方向から光を当てると、図のような明暗の陰（シェイド）の立体表現になります。

また、図のように左側に落ちているのが、それぞれの立体の影（シャドー）になります。

2 太陽光の方向と高度

太陽光は本来、点光源なのですが、太陽の直径は、地球の直径の約109倍と著しく大きいことなどから、パースを描くときは、太陽光は平行光線と考えています。太陽をバスケットボールとすると、地球はゴマの粒ぐらいの大きさと考えるとわかりやすいでしょう。

パースやイラストを描くとき、太陽光の方向は、南を基点として、左右45°の範囲内（南西または南東方向）に設定します。高度は、昼間でも、朝日や西日の日差しが落ちる庇の影の深さのように、実際より浅い影にすることで、建物全体が明るく見えるようにするとよいでしょう。

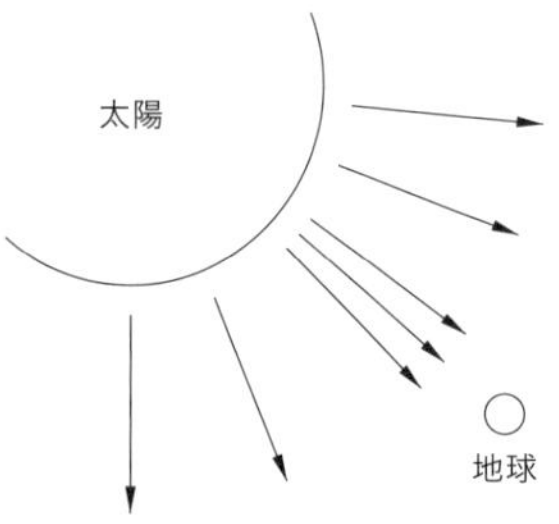

太陽光は、地球にとってほとんど平行光線

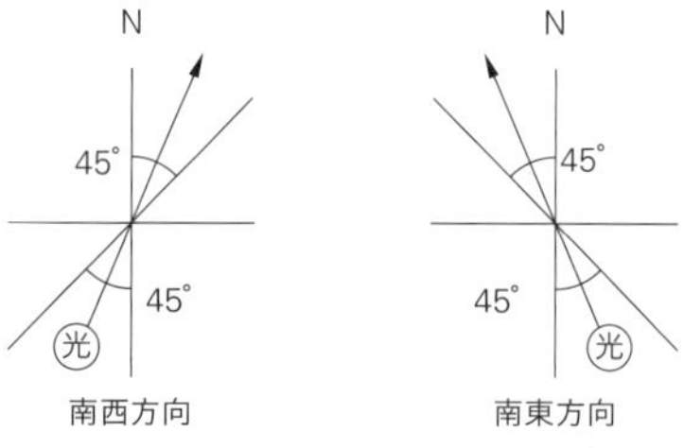

太陽光の方向は、建物が明るく見える45°の範囲で決める

3 影（シャドー）を立面図とパースに描く

それでは、平面図と立面図を使ってパースに陰影を落としてみましょう。ここでは、太陽光の方向は南を基点に南西方向45°の範囲内で設定しています。

❶図のように、平面図に太陽光の方向と平行に光線を描きます。建物に当たったところから垂線を下ろし、立面図に影の範囲を決定します。
❷断面図に太陽の高度を任意で決め、立面図の影の深さを決定します。
❸影を落とした立面図を見ながらパースに影を落とします。

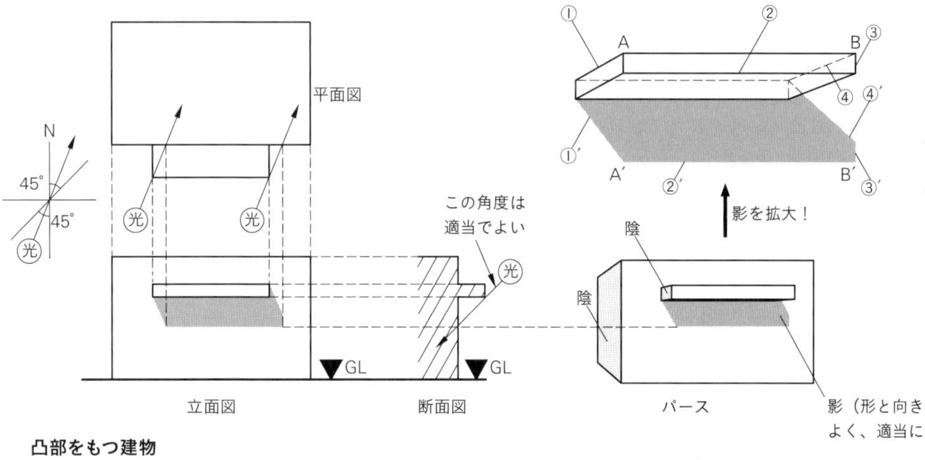

丸数字①～④の指す建物の縁は、丸数字①′～④′の指す影の線に対応しています。AB の長さは影の A′B′の長さと同じです。A′B′の位置は、パースの描き方によって動きますが、長さは一定です。

凸部をもつ建物

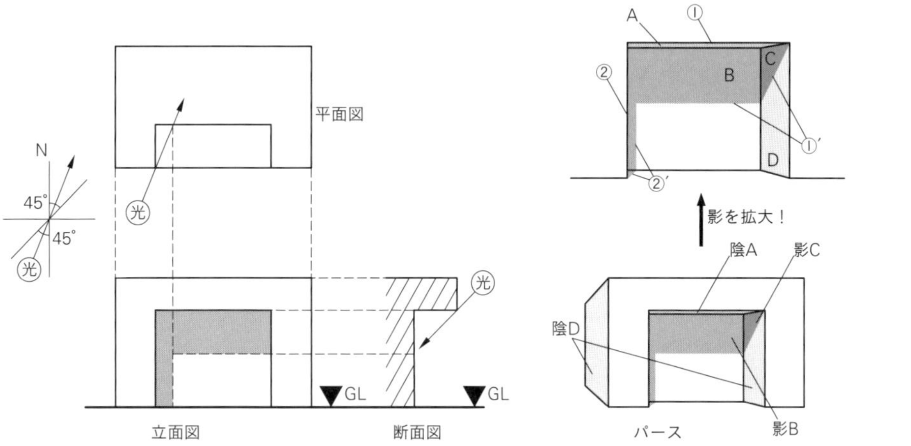

丸数字①、②の指す建物の縁は、丸数字①′、②′の指す影の線に対応しています。①′の影の線は建物が凹んでいる部分に投影されているため折れ曲がります。②′の影の線も、手前の建物の角と、奥の凹んだ部分に投影されるため折れ曲がります。
また、A面、B面、C面の影（陰）の濃さはA→B→Cの順に、明るい→暗くなります。
陰Dは陰Aよりもさらに明るくなります。

凹部をもつ建物

4 陰（シェイド）の濃さの順番

3でも少し触れましたが、立体に落ちる陰（シェイド）の濃さの順番を、図のように立方体で説明しましょう。

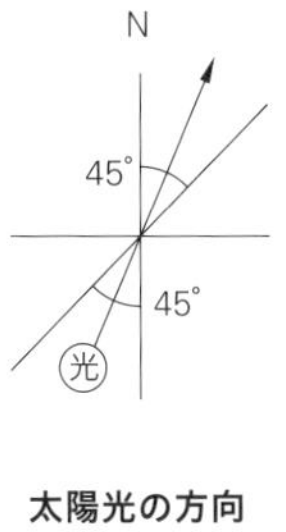

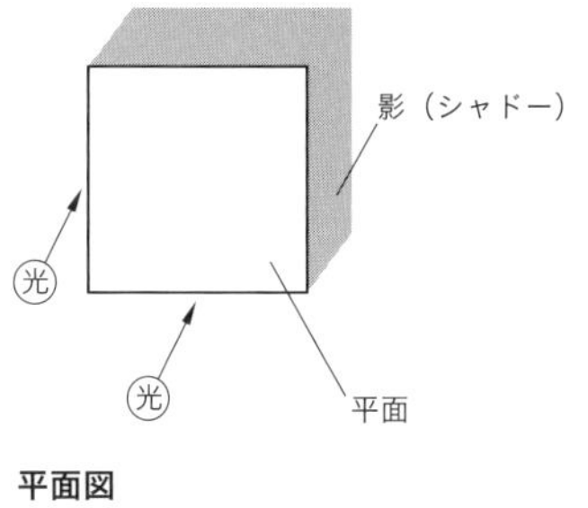

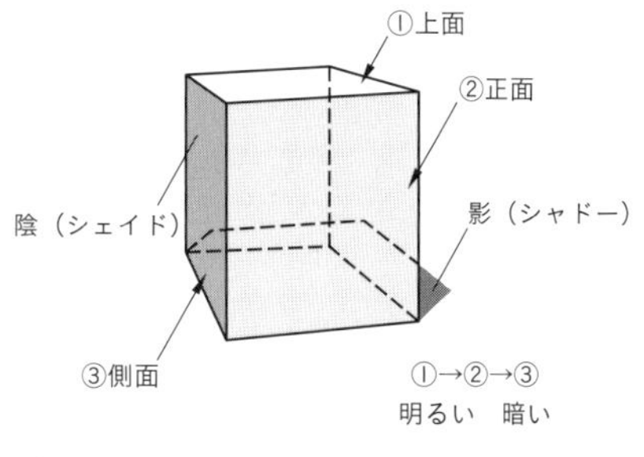

太陽光の方向　　**平面図**　　**パース**

中学・高校の美術室にあった白い石膏の立方体をイメージしてください。図のように、太陽光を当てると①上面→②正面→③側面の順に陰（シェイド）は濃くなります。

5 太陽光の方向による陰（シェイド）の濃さの違い

太陽光が図Aは西南西、図Bは南南西、図Cは南西方向からA、B、Cそれぞれ同じ立方体に当たっています。A、B、Cそれぞれの立方体の立体感の違いを比べてみましょう。
まず3つとも、上面の①が一番明るくなります。
Aは③の正面が一番暗く、全体が暗い感じです。
Bは②の正面がやや明るく、③の側面が一番暗くなり立体感がよくわかります。
Cは正面も側面も同じ明るさになり、メリハリがなくなります。
よって、パースを描く場合は面積の広い正面が明るく、全体にメリハリのあるBの太陽光の方向で立体感を出します。

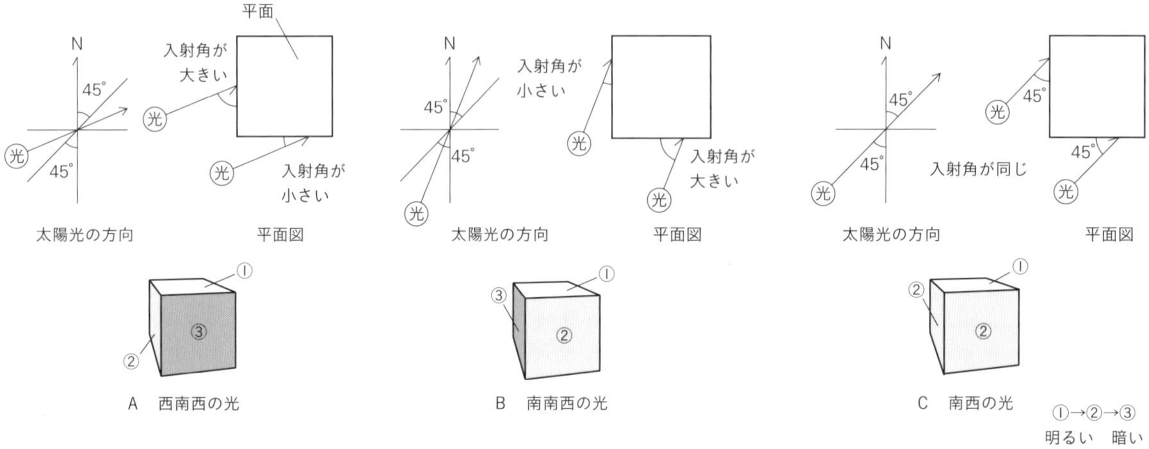

光の向きによる陰のでき方の違い

One Point

陰(影)の明るさの順番を覚えておくと立体感が容易に出せる!

住宅などの建物は、陰(シェイド)と影(シャドー)が、いっしょになって構成されるので、専門家でないと、陰影の濃さがわかりにくい場合が多いのです。陰影の明度の順番を押さえてしまえば、描くのは難しくありません。

住宅が石膏像のようにすべての面を白と仮定した場合、図のように①から⑥の順に陰影が、暗い→明るい、となります。すなわち、①側面の影（陰の上に影が重なったところ）→②正面の影→③上裏(あげうら)、軒天の陰→④側面の陰→⑤正面（奥）→⑥正面（手前）の順に明るくなります。
⑤正面（奥）と⑥正面（手前）は、同じ平行な面ですが、奥より手前を少し明るくすることで、ほどよい遠近感を出すことができます（明度遠近法といいます）。

陰影がわかりやすいパースの例

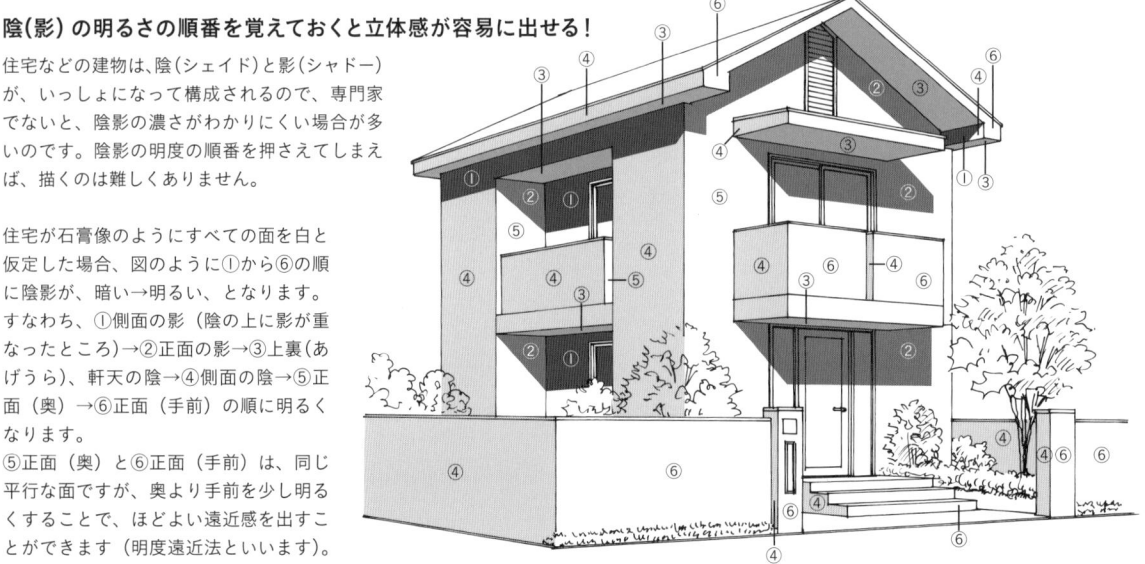

6 点景の表現

車、植栽、人物などの点景の表現は、生活感を演出する表現テクニックのひとつです。表現が難しいとされているところですが、できるだけやさしく描く方法を解説します。

1 車の描き方

セミナーで、「簡単に横向きの車を描いてください」と課題を出すと、右図のように進行方向がわからない車を描く人が多く見受けられます。セダン▶1の場合、横から見ると前輪は下図のようにフロントガラスのほぼ延長線上にあり、後輪はリヤガラスの中心線上にあります。このように描くと車の前、後ろが明確になります。タイヤの位置が重要なのです。また、ボディーの縦比率は、タイヤの接地点からボディー下端までを1とすると、その下端から窓下までは3、その上の窓部分は2と20～30年ほど前まではいわれました。現在はデザインにより変わっていますが、基本的なバランスとして覚えておきましょう。また、車の寸法は、スポーツタイプとセダンでは異なります。前者が小さく、後者が大きいと理解してください。下の「①パースの表現」に車の寸法を表しています。

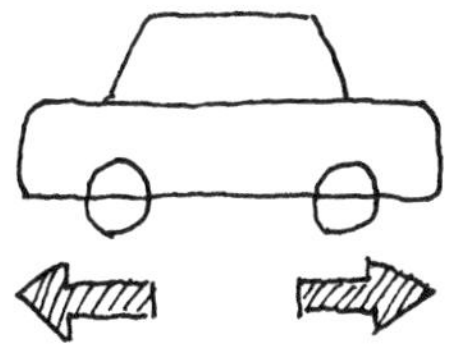

進行方向のわからない車

▶ 1：セダン
語源は17世紀の南イタリアから広まったセダンチェア（椅子かご）である。前部のエンジンフード、後部のトランクの間に、より高い室内スペース部分のある形状のスタイルの自動車をいいます。米国ではセダン、英国ではサルーンと呼ばれます。

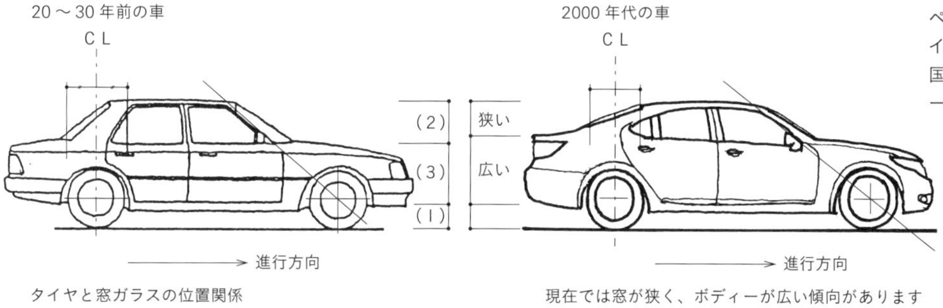

タイヤと窓ガラスの位置関係

現在では窓が狭く、ボディーが広い傾向があります

車のバランス（図中のカッコ内の数字は比率を表す）

①パースの表現

左右にVP（消点）をとり、車の大きさに合わせて直方体を作図してから、車の形状を比率で割り付けして描くと意外に上手に描けます。

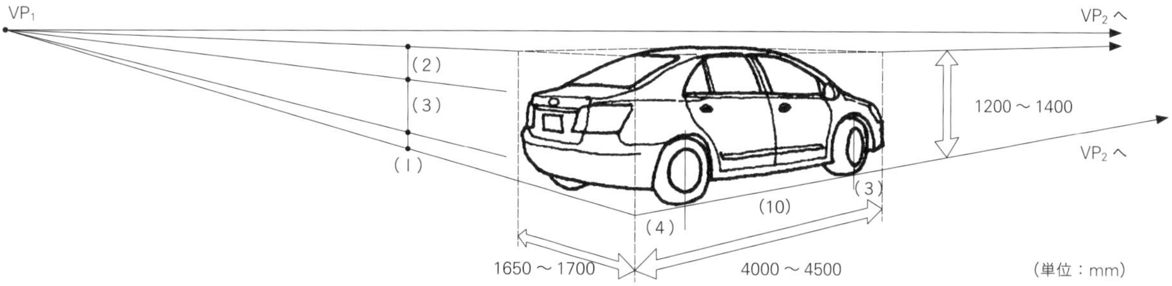

車体各部の高さの比率（図中のカッコ内の数字は比率を表す）

②アイソメの表現

表現したい縮尺に合わせ、アイソメで直方体の箱を描きます。箱の線をガイドにして、車の形状を実寸の比率で割付けして描きます。アイソメ図の車はサイズを決めてしまえば図のどの位置でも拡大、縮小することでそのままトレースして使えます。

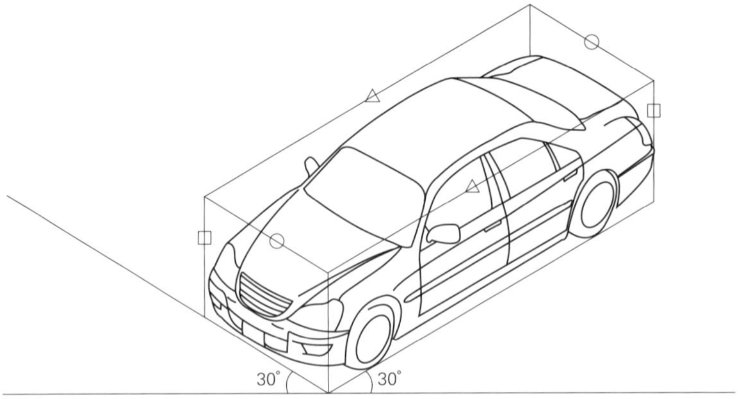

アイソメで表現された車（○□△の付いた辺同士は平行）

One Point

車の大きさは、人物の高さを基準に決める

立っている人の、地面から目の高さまでは、EL ＝ 1.5m という話を 10 ページ[3]でしました。車を描くときは、車の高さを人の胸から肩の高さに設定すると、人と車の高さのバランスがほどよく見えます。なお、パースの中に人物を描くとき、EL ＝ 1.5m を人の目の高さにするため、車は実際より 10％ほど小さめに描くことが多いようです。これは、アプローチパースの場合、手前に車があるとき、車を小さめにして、主役のアプローチのデザインを見せることが必要になるからです。

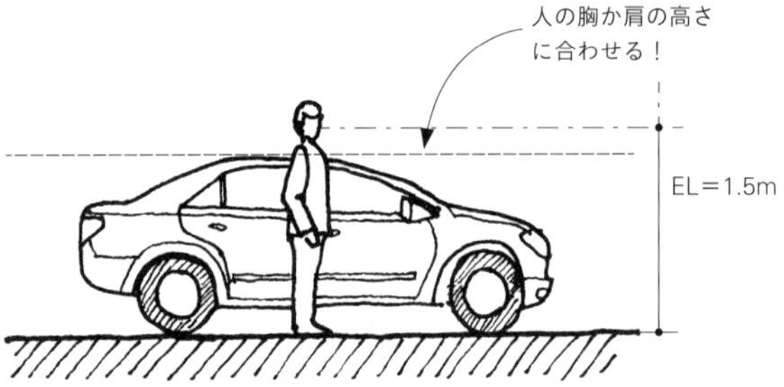

人と車の大きさのバランス

[2] 植栽の描き方

植栽を描くことが苦手とあきらめている方は、描く手順と、枝・葉の表現のコツをつかむことで上手に描けるようになります。自然な表情で枝ぶりや葉ぶりを描くためには、本物を「見る」「触る」などの豊富な経験が大切です。

①描き方の手順

基本的には、①幹・枝→②樹形→③葉の順に描きます。幹・枝を描くときは、丸形なのか楕円形なのか、あるいは三角形なのかをイメージします。右ページの表に樹を描くプロセスをまとめました。上から常緑、落葉、針葉の 3 種類に分けています。さらに左から右へ描く手順を示しています。樹の形は、「②樹形をつくる」の図のように葉の塊をところどころに並べ樹形をつくると、バランスよく描けます。

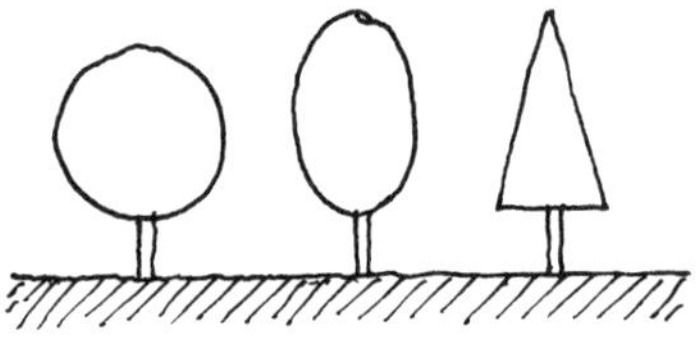

丸、楕円、三角の樹

「①幹・枝を描く」とき、最初から線をしっかり濃く描くと、絵が黒くなってしまうので、下描き程度に薄く描きましょう（One Point 参照）。

樹の描き方

	①幹・枝を描く	②樹形をつくる	③葉を表現する	ポイント
常緑樹（幹立ち）	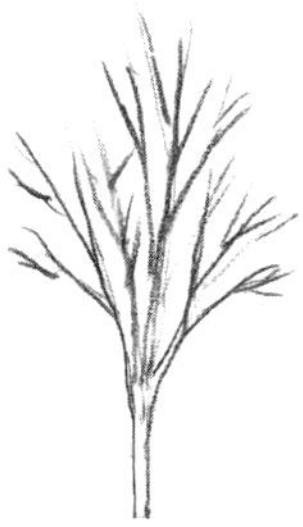			葉を多くして枝ぶりを少なめにする
落葉樹（株立ち）	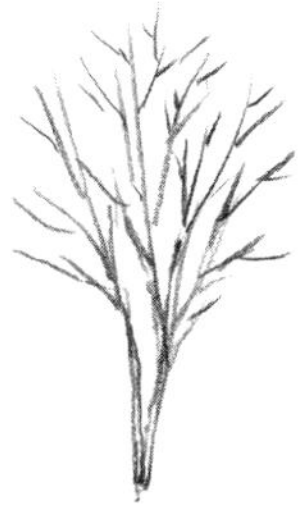		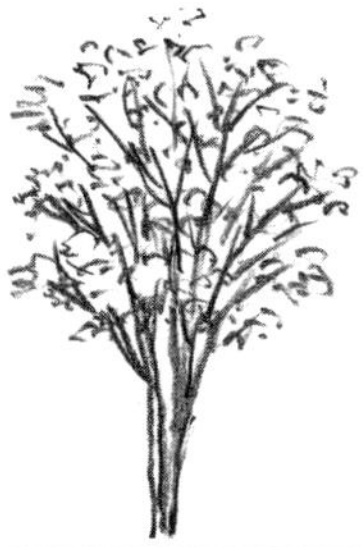	枝ぶりを多く見せて葉を薄く表現する
針葉樹	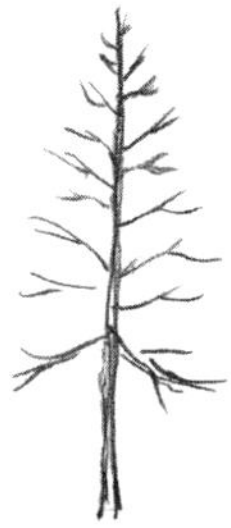			上から下にいくにつれて枝ぶりが斜め上向きから斜め下向きになる
ポイント	薄い線で下から上に描く	葉の塊で樹形を表現	葉のパターンを工夫する	

One Point

幹・枝は最初からしっかり描くな！

上の表で説明した樹の描き方では、「①幹・枝を描く」ときは、最初からしっかり描くと、葉を描いたとき全体的に線が多く、黒くなってしまうので、鉛筆で下描き程度に薄く描いておきます。「③葉を表現する」が終わった後、葉のないところに幹・枝を描き加えると立体感のある仕上がりになります。

幹・枝は薄い線で下描きして、最後に手を加えて立体感を出す

②幹・枝の表現

樹木は、地面から芽が出て空に向かって、幹、枝が生え、葉が茂り大きくなります。樹木が下から上へと伸びて生長していくように、描くときも下から上へと描いていきます。

●枝の描き方

鉛筆は、B または 2B 程度の濃さの芯を選び、図の→のように、下のほうは、筆圧を強くし、だんだん上にいくに連れて、筆圧を弱くすると下部が太く上部が細い、枝ぶりのよい樹が表現できます。

小枝は、下から上に描き、上のほうの枝が終わるとき、鉛筆を持っている手の人差し指と親指を回して、筆圧を弱めて鉛筆の先を飛行機が飛び立つように紙面から離すと、枝の先端の細さが自然に表現できます。鉛筆は、右側に伸びる枝は右回り、左側に伸びる枝は左回りにします（右利きの場合）。

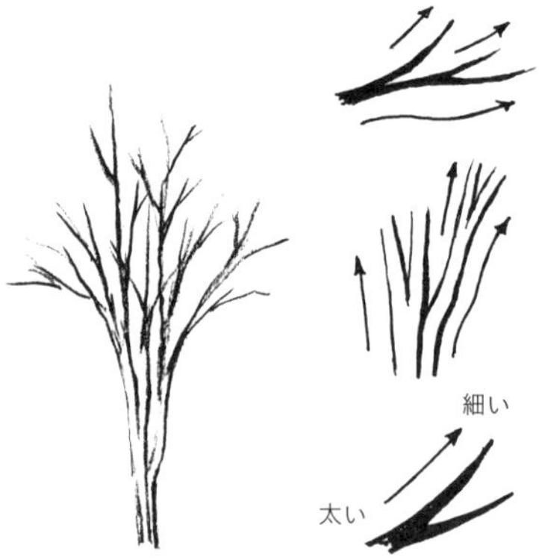

枝の描き方

One Point

幹から伸びる枝の付け根に気を配れ！

右の平面図の矢印の方向から樹木を見たとき、枝は①、②、③（枝の見え方の図）のように描くと枝の向きがよくわかり立体的になります。枝の付け根の部分の表現と、幹と枝の角度に気を配ると上手に描けるようになります。

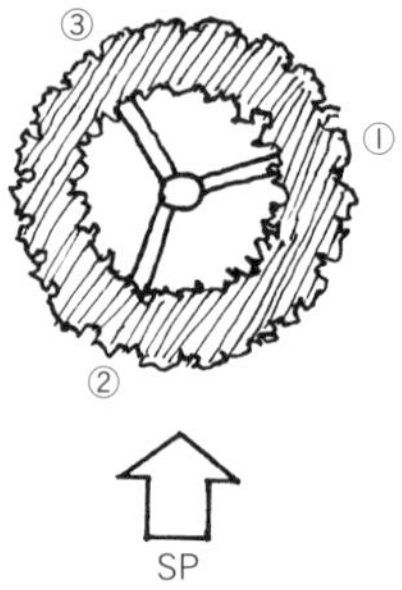

平面

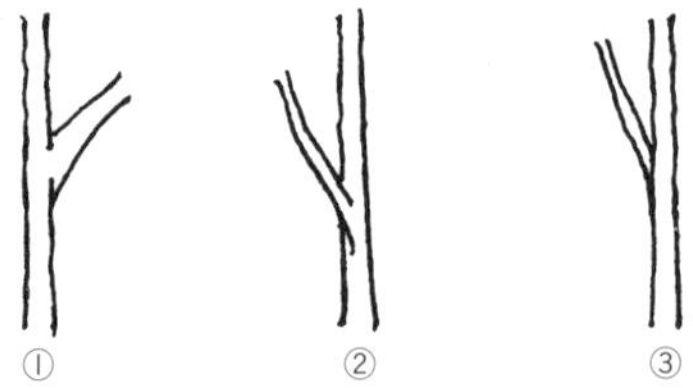

枝の見え方

●幹の描き方

図のように、幹が丸みを帯びて見えるように鉛筆のタッチやハッチング▶2で陰影をつけて、立体感を表現します。

▶ **2：ハッチング**
絵画、図案などにおいて一定の面を斜線で埋める技法のこと。

a. 上下に往復する　b. ハッチングを使う　c. 筆圧の調節で、線に強弱をつける

幹の描き方

●幹と枝の描き方

幹と枝の重なり具合を表現して遠近感を出します。

a. 手前の幹、枝は白く明るく描き、奥の枝は暗くする　b. 枝に落ちる葉の影はハッチングなどで表現する

幹と枝の描き方

③陰影の表現

5章で話したように、植栽も立体感を表現すると上手に描くことができます。樹形を大きな塊でとらえ、葉のパターンで陰影を表現し、立体感を出す方法です。常緑、落葉、低木、生垣について描き方を解説します。

●常緑樹の描き方

円形・楕円形など樹形を大きな塊でとらえ、光の差す方向を決め、影をつけます。影をつけたところに、葉の質感を表現して立体的にします。光の当たるところは葉の描き込みは少なく、陰（影）になるところは葉の量を密にします。

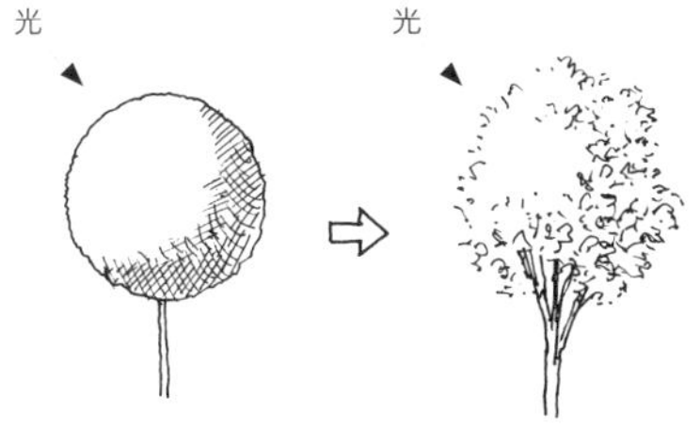

常緑樹の描き方

●落葉樹の描き方

それぞれの樹木の枝ぶりにより、葉の塊を大・中・小に分け、ランダムに配置します。その葉の塊を、常緑樹の描き方で説明したように、葉の質感を描き込んで陰影を感じられるように描きます。

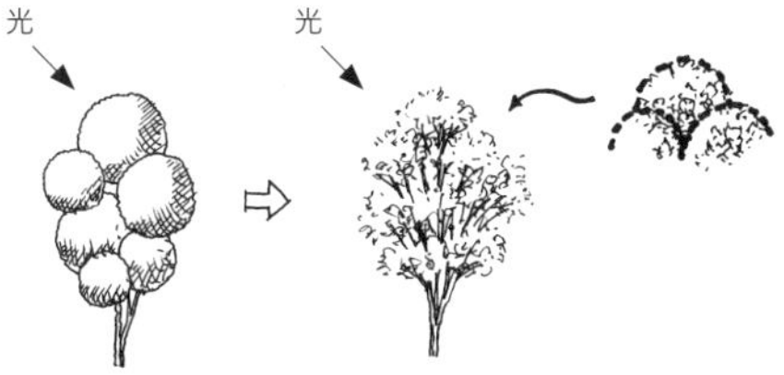

落葉樹の描き方

●低木の描き方

サツキ、ツツジなどの低木は球を半球にして形をとります。単体でも複数の場合も、光の方向を決め、陰影の部分に葉を描き込んで、立体的に表現します。

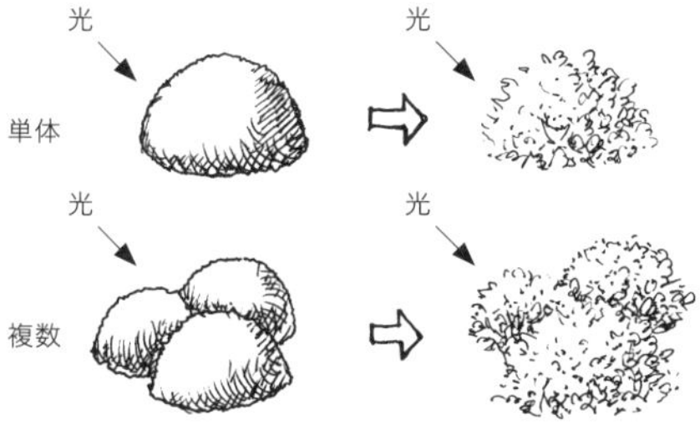

低木の描き方

●生垣の描き方

刈込みの生垣は、直方体*を描きます。面の明るさに違いを出すことで立体的に見えます。直方体のアウトラインをつなげて描くと生垣が硬い印象になるので、線は弱く表現するよう注意します。右図の①→②→③の順に、葉のパターンを密にして暗くなるように描きます。

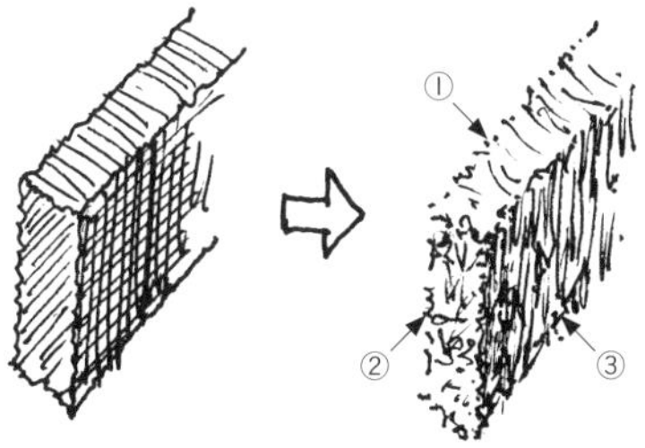

生垣の描き方

＊直方体を描くときは、パース、アイソメなど図法に合わせて形も変化させましょう。

④葉のパターンの表現

樹木の全体の形の陰影の表現がわかっても、葉のパターンが上手に描けなくては立体的な植栽にはなりません。そこで樹種別による、葉のパターンの表現法を説明します。
常緑樹と落葉樹は、葉の形状が楕円状のものが多いので、丸みを帯びた、柔らかいタッチにします。針葉樹は、葉の形状が針のように細長く、鋭いものが多いので、鋭く硬いタッチにします。

❶まず、上下左右に手が動くことが大切です。表のように下向き、上向き…と、それぞれの手の動きに合わせ、手を動かして葉のストロークを練習します。
❷次に、同じストロークを連続して、塊として葉に見えるようにタッチをつくります*。
❸❶❷ができたら、部分でよいので、枝を足したり、さらに葉を描き加えてみます。

*ここでは、ストロークは一筆書きで表現した線、タッチはストロークを集合させたものです。

常緑樹・落葉樹のタッチ

	下向き	上向き	左向き	右向き	組み合わせ	放射状
ストローク↓タッチ	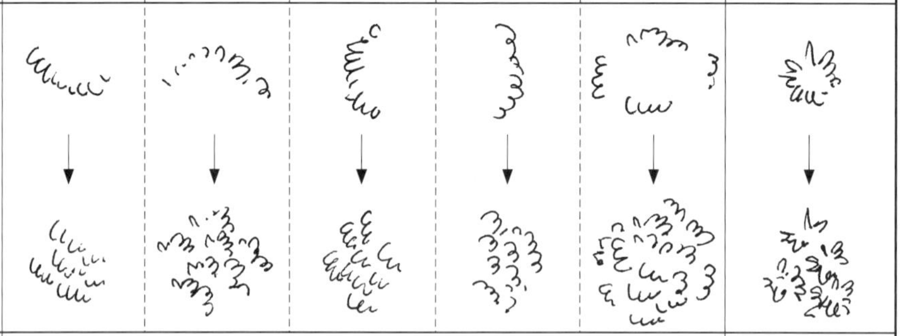					
描き加える						

針葉樹のタッチ

	下向き	上向き	左向き	右向き	組み合わせ	放射状
ストローク↓タッチ	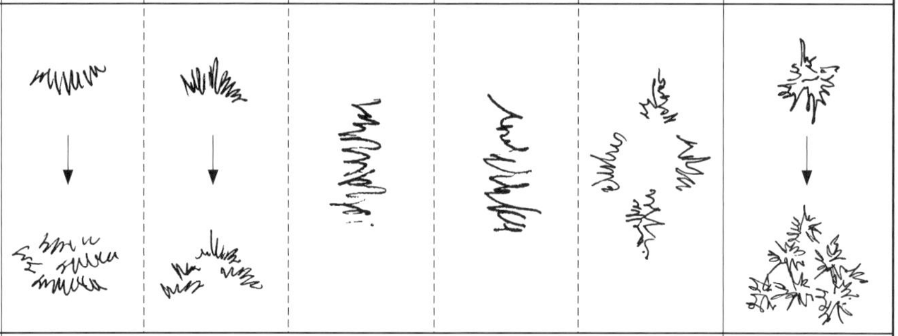					
描き加える	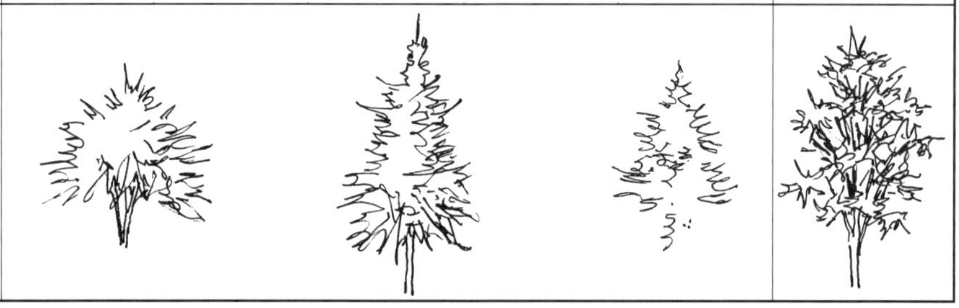					

3 人物の描き方

一般に、人物は頭で思い描けても、上手に描くことは難しいものです。写真、新聞広告、ファッション雑誌などの写真から、人物素材を必要に応じて拾い出し、トレーシングペーパーを用いてトレースする方法と、人物のプロポーションを比率で押さえて描く方法を紹介します。

①トレースする方法の手順

表現手法の手順としては以下の通りです。

❶写真・雑誌から必要な素材を選択する。

❷❶の素材の上にトレーシングペーパーをのせ、鉛筆でトレースする。

❸パースにのせるスケールに合わせて、コピー機で拡大、縮小する。

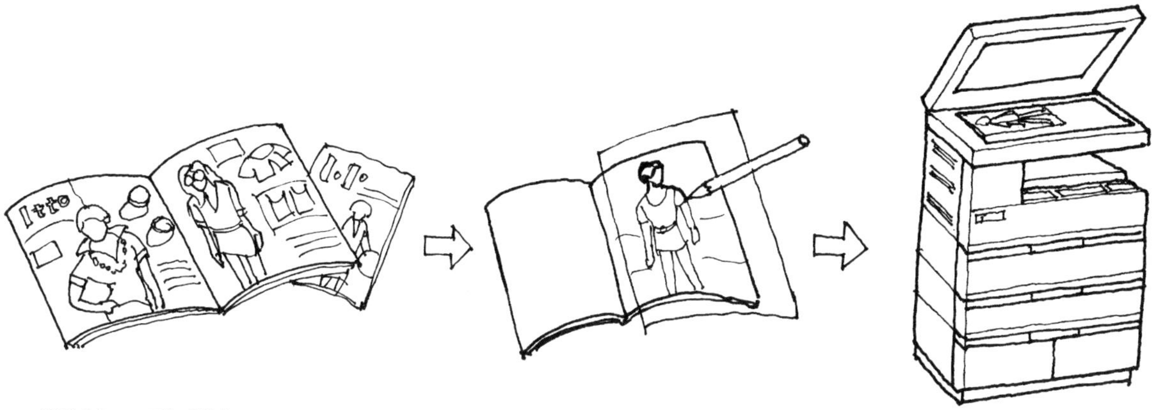

素材をトレースして描く

One Point

そのままトレースして使える素材ばかりとは限らない！

ファッション雑誌の写真素材は、魅せるためのポーズをとっているものが多く、そのまま使えないケースがよくあります。腕や足の向きや動きを変えることや、季節により服装を変えるなどの工夫が必要です。

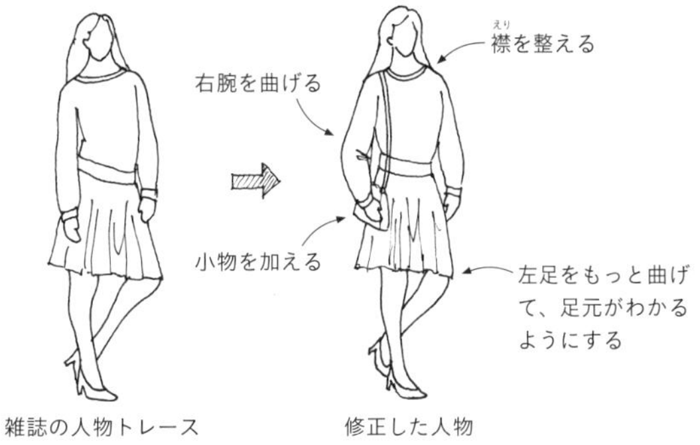

雑誌のポーズをとる人物から歩いている人物に変えた例

②プロポーションを押さえて描く

人物は、プロポーションを押さえるのが上手に描くコツです。ファッション界では、頭高を基準にして、9～10頭身がよいとされているようですが、パースでは、男性は8頭身、女性は7.5頭身程度で描くと自然に見えるようです。子どもは、頭を大きくすると、それらしく見えます。また、人物を、線をきっちり描かず、ラフスケッチで描くと、かちっとなりすぎず雰囲気のある表現ができます。男性、女性共に頭高を1として、胴、腕、足（ひざ上、ひざ下）の比率を押さえると、それらしい人物を描くことができます。

部位	女性	男性
頭：胴：足	1：3：3.5	1：3：4
肩幅	顔幅2個分	2頭身

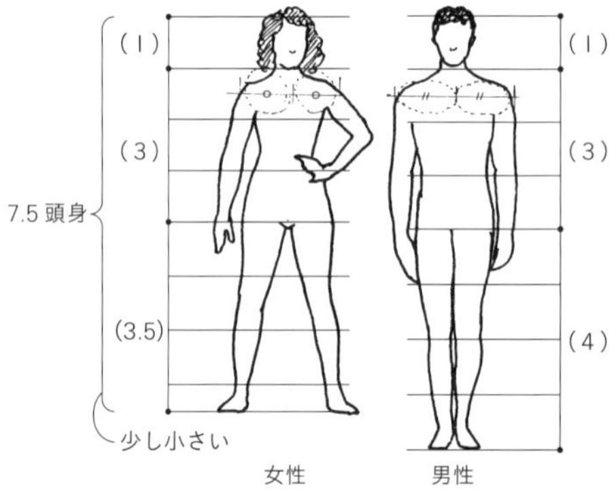

人体のプロポーション

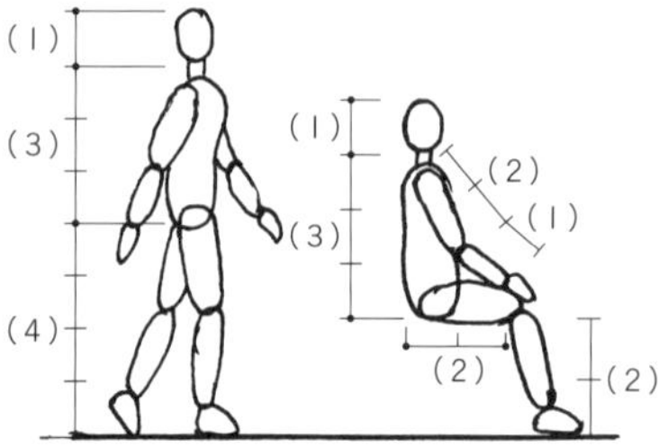

簡略化した男性のプロポーション

One Point

人体の比率をうまく生かせ！

細い人物は、きゃしゃに見えるので、女性、男性共に、実際のスタイルより多少太めに描くと見栄えがよくなります。
男性は、人物の高さが決まったら、股上、股下で2分割します。上着の下端を2分割より少し下がった部分に決めると上手に描けます。
女性は、目からスカートの裾（すそ）までの長さの半分を腰の位置にするとバランスよく描けます。
子どもは頭を大きく描くと、それらしく見えます。
図は4頭身の子どもです。

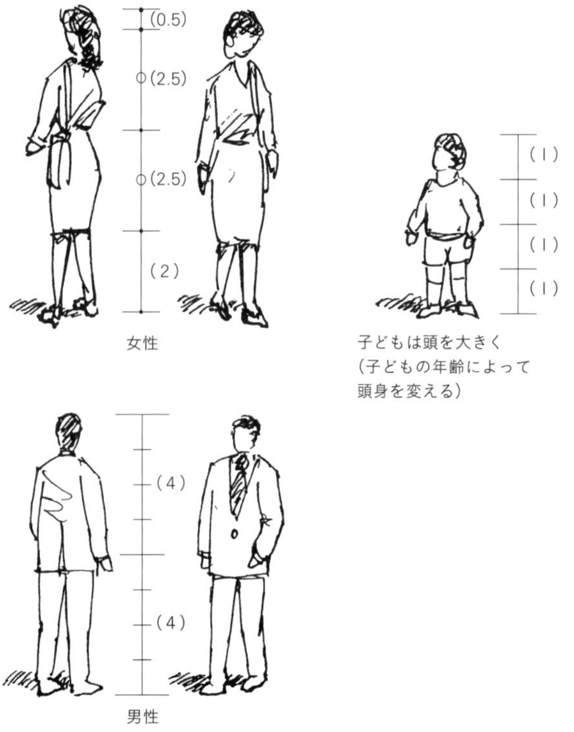

（子どもの年齢によって
頭身を変える）

ラフスケッチの人物

4 車のサンプルリスト

さまざまな車の形のサンプルです。パースを描く際の参考にしてください。

①図面用

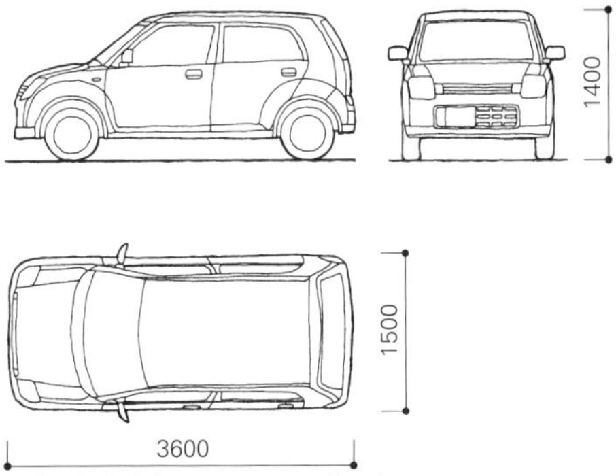

一般に軽自動車といわれている車です

小型車

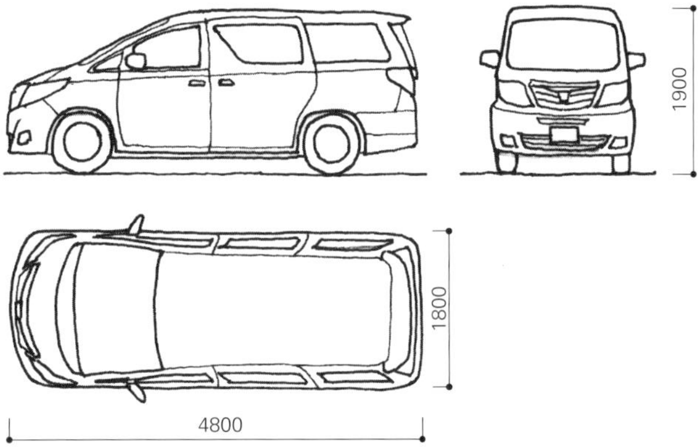

ワゴン車

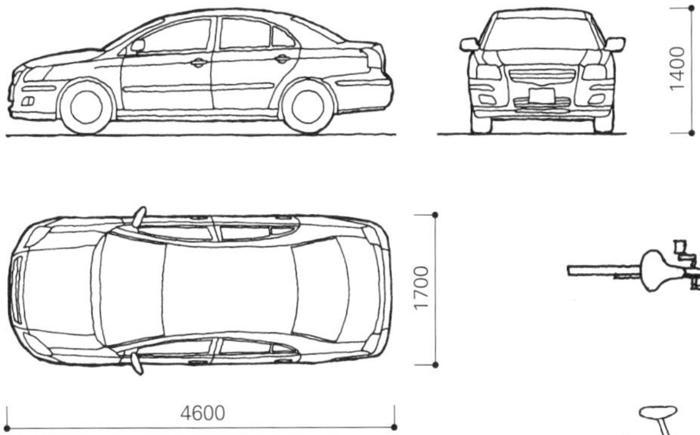

中型車（普通車）

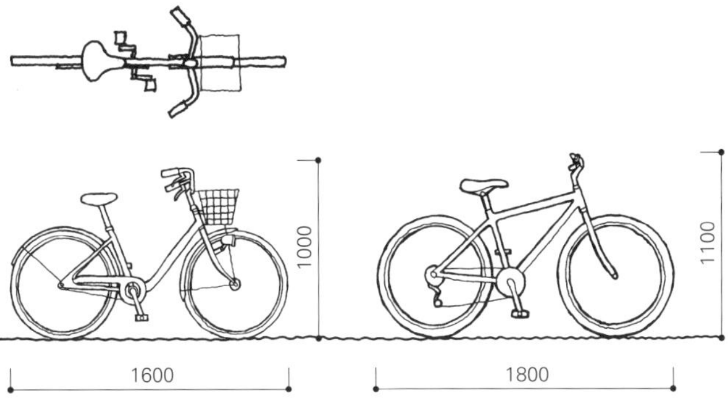

※幅：500 程度

※幅：600 程度

自転車

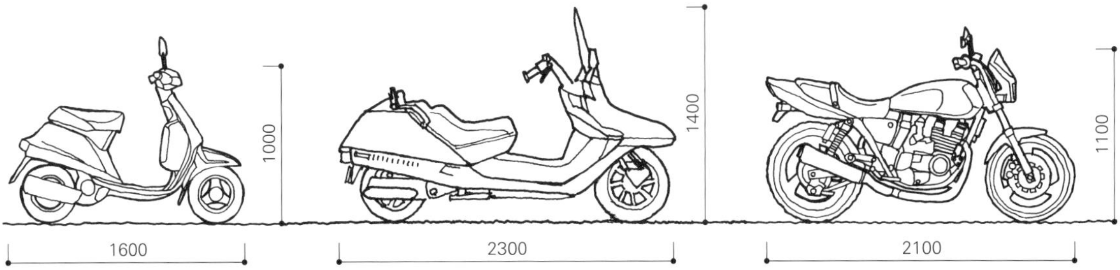

※座の高さ：600 程度
※幅：600 程度

※座の高さ：700 程度
※幅：700〜800 程度

※座の高さ：740 程度
※幅：700〜800 程度

オートバイ

②パース用

正面から背面までの7つのアングルを図示しました

セダン

立面図に使用できるアングルも掲載

ハイブリッド車

ファミリーカーを掲載

ワゴン車

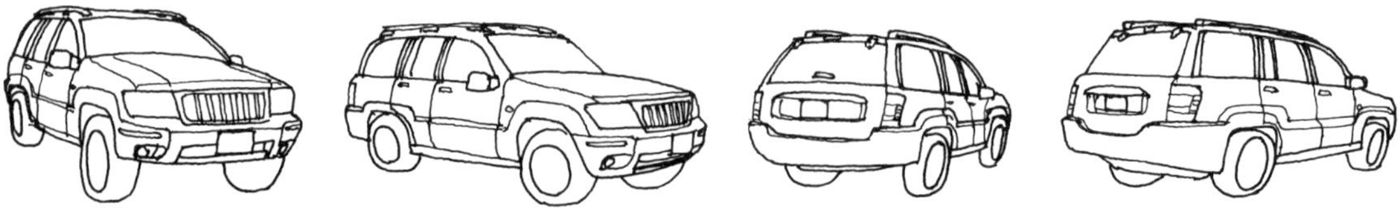

SUV はスポーツ・ユーティリティー・ビークル（Sport Utility Vehicle）の略称
サーフィン、スキー、キャンプなどの娯楽活動に使用する車のこと

SUV

利用率の高い車種なので4種掲載。背面のアングルもあります

コンパクトカー

スポーツカー

5 樹木のサンプルリスト

39 樹種の樹形のわかるイラストを、常緑・落葉、高・中・低木に分類し、掲載しました。また、61 ページ右下の類似樹木リストも参考にしてください。立面図やパースを描くときに役立ちます。

常緑

常緑高木

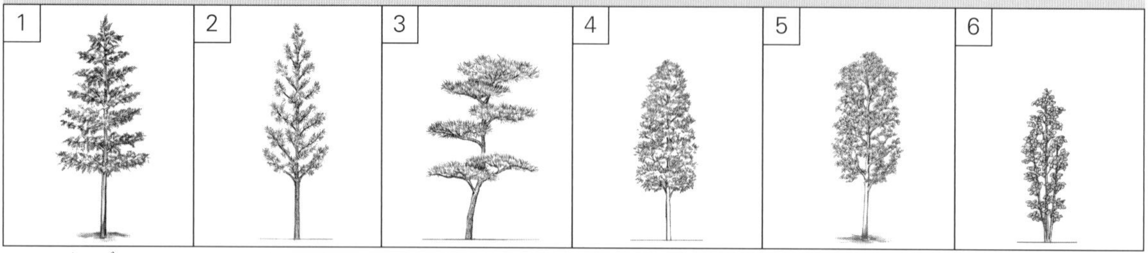

アカエゾマツ　コウヤマキ　アカマツ　モッコク　クロガネモチ　アラカシ（株立ち）

常緑中木

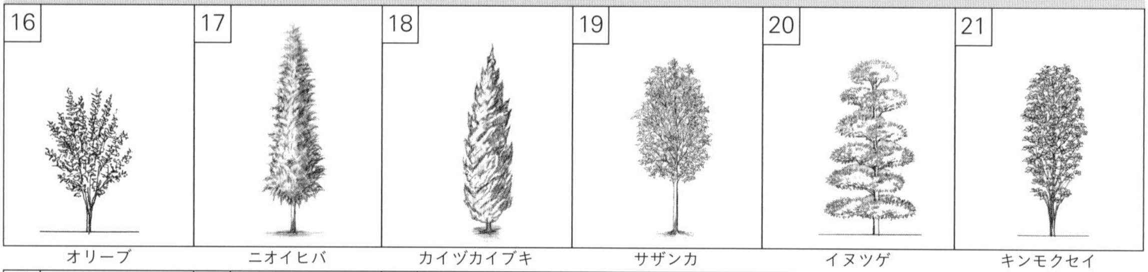

オリーブ　ニオイヒバ　カイヅカイブキ　サザンカ　イヌツゲ　キンモクセイ

ベニカナメモチ　カクレミノ　キンカン　タケ類 ▶3　中木コニファー類 ▶4

常緑低木

サツキ　オタフクナンテン　ヒイラギナンテン　ツツジ類 ▶5　低木コニファー類 ▶6

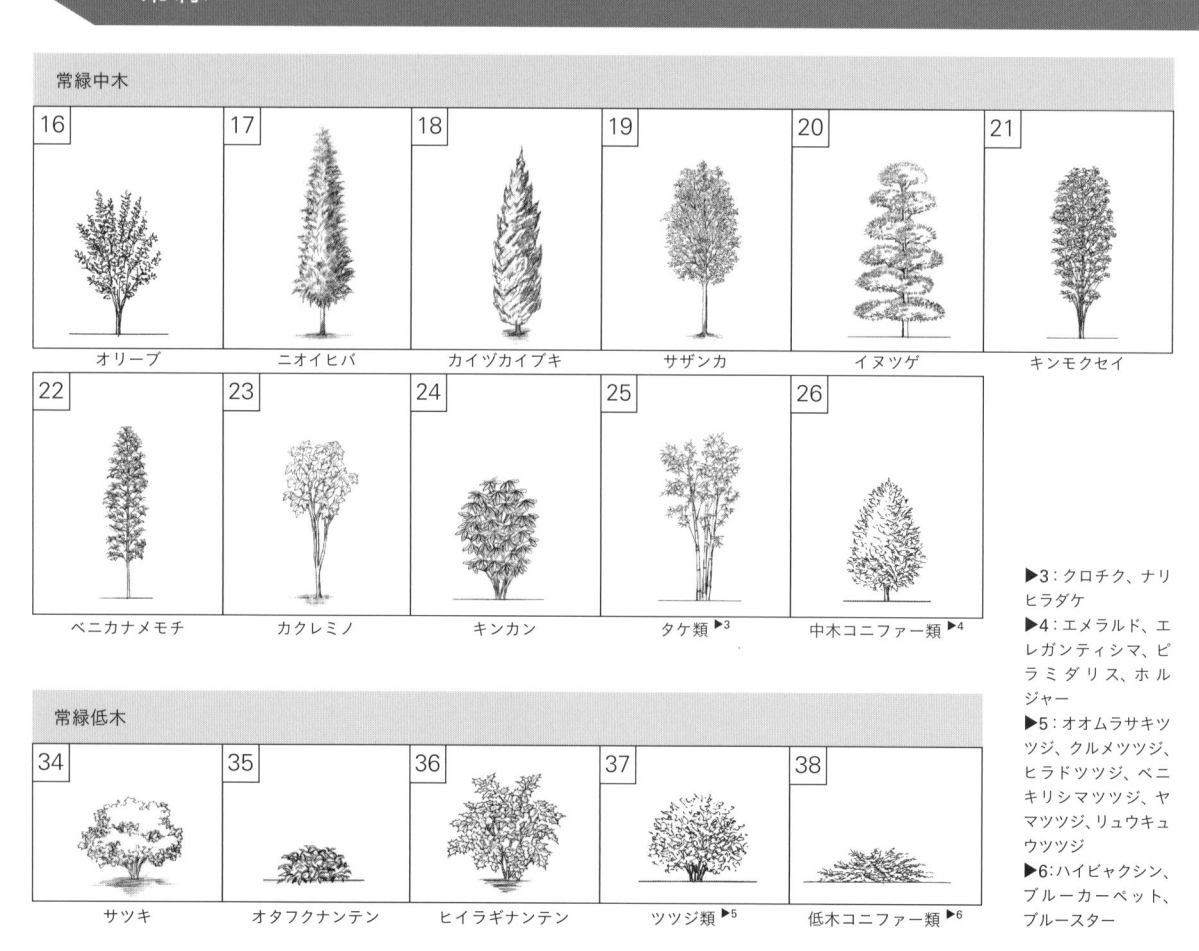

▶3：クロチク、ナリヒラダケ
▶4：エメラルド、エレガンティシマ、ピラミダリス、ホルジャー
▶5：オオムラサキツツジ、クルメツツジ、ヒラドツツジ、ベニキリシマツツジ、ヤマツツジ、リュウキュウツツジ
▶6：ハイビャクシン、ブルーカーペット、ブルースター

高木

落葉

低木

落葉高木

7

ケヤキ（株立ち）

8

カツラ

9

ハクモクレン

10

ヤマボウシ（株立ち）

11

イロハモミジ

12

ハナミズキ

13

サルスベリ

14

ウメ

15

シモクレン

落葉中木

27

サンシュユ

28

ホザキナナカマド

29
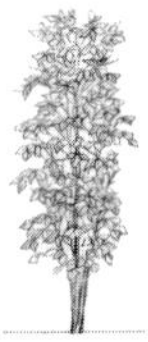
ムクゲ

30

マユミ

31

ニシキギ

32

ボケ

33

コムラサキシキブ

落葉低木

39

コデマリ

類似樹木リスト*

常緑高木	落葉高木	常緑中木	落葉中木
[1] ウラジロモミ カヤ ドイツトウヒ トウヒ モミ [3] イヌマキ(仕立て物) クロマツ [4] ヒメユズリハ ユズリハ [5] ホルトノキ モチノキ ヤマモモ [6] シラカシ（株立ち） ソヨゴ（株立ち） ボウガシ（株立ち）	[8] カリン シャラノキ(株立ち) [9] コブシ [10] アカシデ エゴノキ（株立ち） コナラ（株立ち） シャラノキ(株立ち) ヒメシャラ(株立ち) フジザクラ(株立ち) リョウブ（株立ち） [11] イタヤカエデ シラカバ ヤマボウシ	[17] イチイ カマクラヒバ サワラ チャボヒバ ニッコウヒバ [19] カナメモチ キンモクセイ ツバキ類 ネズミモチ ヒイラギモクセイ ヤブツバキ ユズ [21] ヒイラギモクセイ ヤブツバキ [22] カナメモチ サザンカ サンゴジュ ツバキ類 ベニバナトキワマンサク ヤブツバキ レッドロビン [24] アオキ クチナシ セイヨウクチナシ トベラ	[28] トサミズキ [30] ウグイスカグラ ウメモドキ オトコヨウゾメ ギブシ クロモジ ハナカイドウ ライラック [33] フヨウ（株立ち） ムラサキシキブ **常緑低木** [34] カンツバキ シャリンバイ ジンチョウゲ チャノキ ハマヒサカキ ヒサカキ [35] コクチナシ セイヨウイワナンテン **落葉低木** [39] シロヤマブキ ミヤギノハギ ヤマブキ ユキヤナギ レンギョウ

＊樹形イラストは、右記の樹木にも形が似ているので、アレンジ次第で応用できます。たとえば、リスト[1]のアカエゾマツは、右表[1]のウラジロモミ、カヤ、ドイツトウヒ、トウヒ、モミのイラストとしても使うことができます。

6 人物のサンプルリスト

さまざまな人物のポーズのサンプルです。トレースしてお使い下さい。

女性

男性

カップル

座る

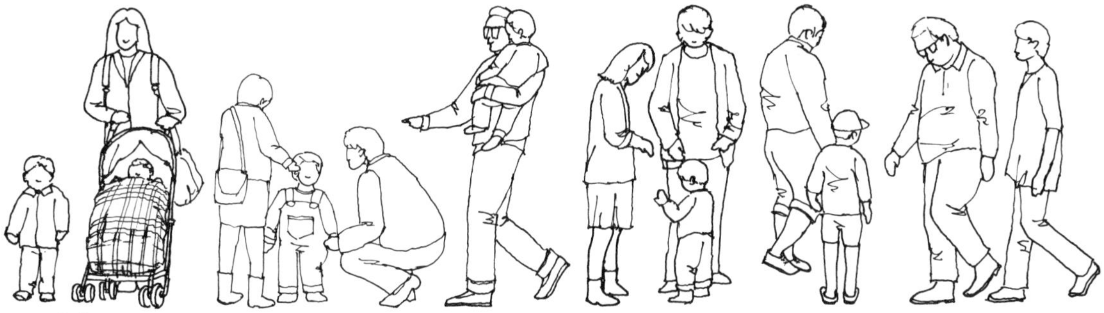

ファミリー

子ども

ペット

シニア

7 線画のスケッチ表現

スケッチ（sketch）とは、一般に、人物や風景などを大まかに描写することをいいますが、ここでは、パースを着色する前のスケッチとして、線画のいろいろな表現方法とそれに使用する道具を紹介します。

1 線の表現

柔らかいタッチは、芯の濃さが、HB、B 程度の「鉛筆」で描きます。はっきりしたタッチは、「デザインペン」を使用して描きます。定規を使用するときや、フリーハンドで描く場合でも、前者は柔らかく、後者はシャープなタッチで表現できます。それでは、いろいろな線の表現方法を見てみましょう。

①鉛筆の線

定規で引いた線とフリーハンドで引いた線の違いを比べてみましょう。

a. 直線

定規を用いて直線を引いた表現です。下図の①の直線だけでなく、②のように、筆圧に強弱をつけると迫力のあるタッチになります。

b. フリーハンド

定規を使わずに自由に引いた表現です。

練習しないと上手に引くのが難しい表現ですが、定規を使って薄い線で下書きをしておき、上からなぞるようにフリーハンドで引くと表現がしやすくなります。

下図の③のような表現は難しいので④⑤⑥のように線に変化をつけたり線をつなげないようにすることで雰囲気のあるタッチになります。

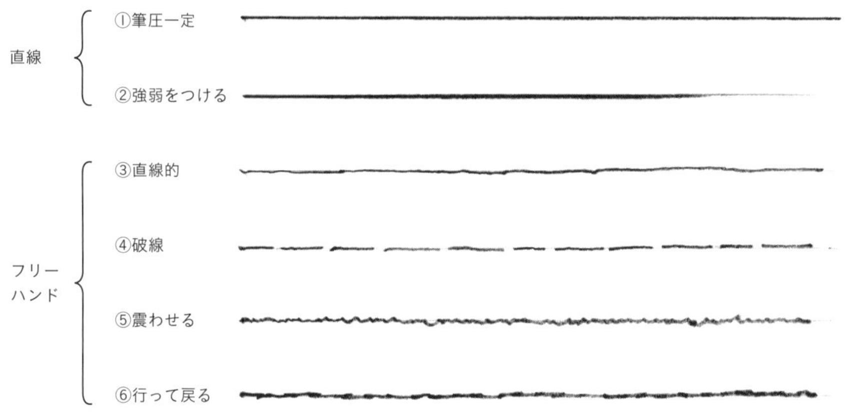

直線とフリーハンドの線

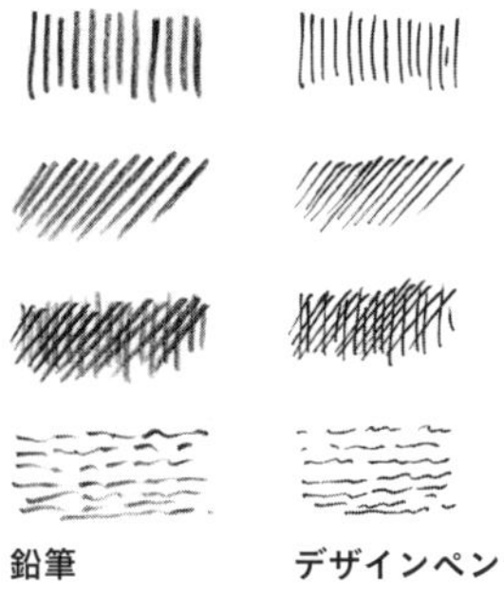

②鉛筆とデザインペンの線の比較

右図のようなタッチは陰影で使用します。左が鉛筆、右がデザインペンです。

線の表現をするとき鉛筆はラフになり、デザインペンは繊細なタッチになります。

2 立体の表現

立体を表現をするとき、線画のスケッチの段階でも、立体的に表現をする方法は主に2つあります。立方体を立体的に表現してみましょう。

①太い線と細い線

デザインペンを用いて、アウトラインを太い線で、二面に接した辺（出隅部分）を細い線で描きます。線の太さで立体感を演出できます。

②面の陰影

鉛筆を用いて、側面→正面→上面の順に、陰（シェイド）を暗く→明るくしていきます。

それぞれの面の明度の表現は、鉛筆で塗り込むより、図のように、ハッチングのような線を描くような感覚で面を描くと、上手なスケッチに見えます*。

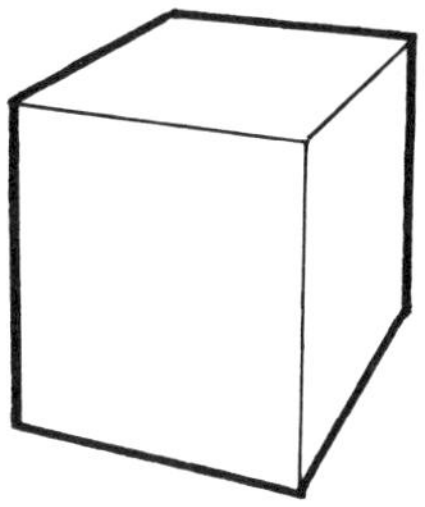

線で立体的に表現

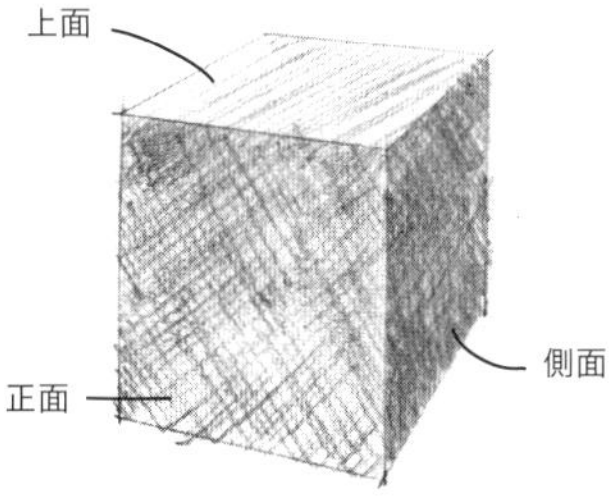

面で立体的に表現

＊陰影の濃さについては5章を参照してください。

3 画材と道具

1、2でお話ししたように、描くペンや鉛筆によって、線の持ち味が違うことがわかったと思います。

それでは、スケッチ表現に必要な画材や道具を見てみましょう。

（　）内はペン先の太さを示します。

①デザインペン（0.1～0.3、0.5mm）

均一な太さの細い線が描けるサインペンだと思ってください。「ミリペン」ともいいます。水性ペンは、透明水彩絵の具や、マーカーで着彩するときに、インクが溶けて線が汚くなるので、耐水性、もしくは油性のものがおすすめです。なお、油性はにじみやすいのが欠点ですが、PILOTの「ドローイングペン」はにじみがなく細い線も描きやすいと思います。そのほか、ペン先が柔らかいものはフリーハンドの線が描きやすく、ペン先が固いものは長もちするなど商品によりいろいろな特性があるので、画材屋さんで試してみてください。インクは、赤、青など黒以外の色もあるため、使用目的に応じて使い分けましょう。

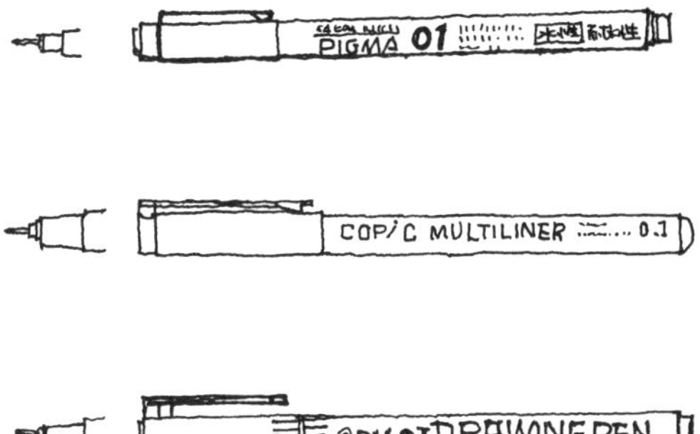

デザインペンの種類

②シャープペンシル（0.5、0.7mm 程度）

日常的に筆記用具に使われるなじみのあるペン。芯の濃さはHB、B程度がおすすめ。太くなるほどラフな仕上がりになります。

シャープペンシル

③鉛筆

②と同様。柔らかい芯ほど、鉛筆削りで芯先を尖らせて描くと細部もきれいに描くことができます。

鉛筆

④芯ホルダー

②③と同様に鉛筆の芯で描きます。シャープペンシルの普及により使用する人が少なくなりましたが、シャープペンシルより太い線の表現ができます。

芯ホルダー

⑤芯研器

④の芯ホルダーの芯を研ぐ道具。芯研器の名の通り、自分の好みの太さに芯を研ぐことができます。

芯研器

⑥消しゴム

消した後のカスが細かくならず、まとまって扱いやすいものがおすすめです。

消しゴム

⑦練り消しゴム

鉛筆の線が太すぎたり、濃すぎたりした場合、線の上をたたくようにして消すことで線を薄く柔らかくすることができます。消すときに、画面をこすると、汚くなり、修復不能になるので注意が必要です。粘土のようによく練って、柔らかくしてから使用しましょう。

練り消しゴム

4 スケッチの手法

スケッチを描くとき、最も重要なことは、近景、中景、遠景を上手に描き分けることです。ここでは、デザインペンを使って、描く手順の説明をしていきます。

❶透視図によるざっくりとした作図が終了した後、鉛筆などを用いて、塀、門扉などの目地や形状を表すことや、植栽などの位置を検討して、構図を決定します。

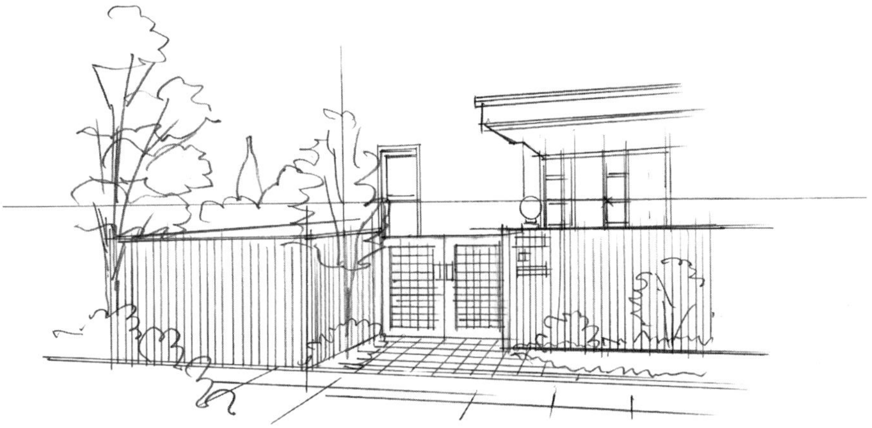

外構のディテールや構図を検討する

❷❶の作図の上に、トレーシングペーパーをのせ、その上から、近景の植栽→中景の植栽を描きます。さらに、手前の外構（塀、門扉など）→その奥の住宅（庇、玄関ドア、窓、サッシ）→遠景の植栽の順に描いていきます。

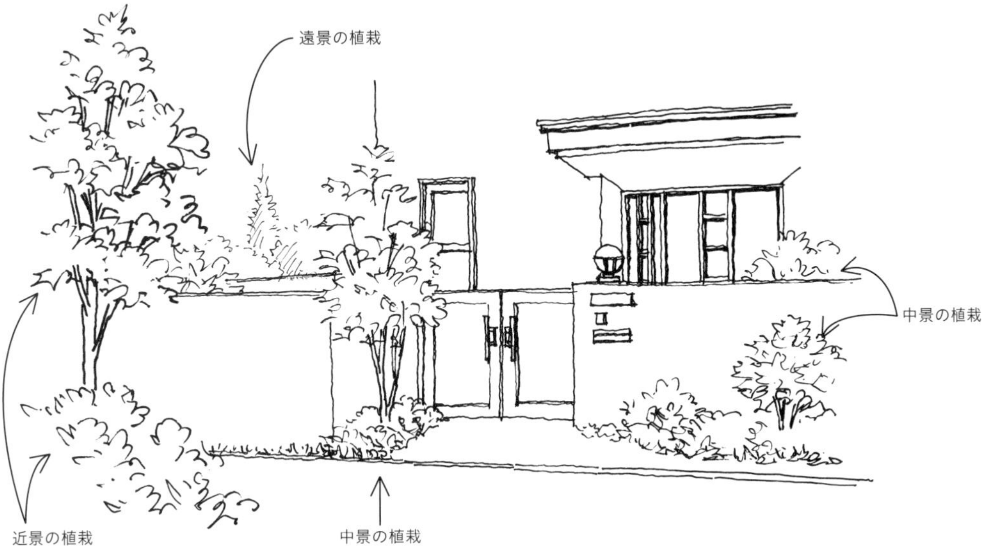

アウトラインを描く

▶ 1：タッチアップ
パース、絵などを仕上げるときに、細部や物足りないところを加筆して見栄えをよくすること。

❸塀、アプローチタイルの目地、門扉の格子などの詳細部分を、細い線（0.05 や 0.1mm などのペン先）で描いて質感を表現し、細部や物足りないところをタッチアップ▶1 して完成です。

質感表現をして完成

上図は、ハッチングを使って窓ガラスの光沢感を出したり、庇の影を落とすなどするデザインペンの表現方法です。スケッチ表現の密度が高いため、比較的簡単なカラーリングで仕上げることができます。

One Point

3つの遠近法を取り入れて描け！

画家や絵が上手な人の絵は、必ず3つの遠近法を取り入れています。スケッチにおいては、①と②の遠近法は必須です。

①線遠近法
透視図のことをいいます。手前から奥に遠ざかっていくほど対象物が小さくなっていくように描き、線画によって奥行きを感じさせる方法です。

②重ね遠近法
手前と奥とで物と物を重ねることによって奥行きを感じさせる方法です。

③空気遠近法
手前の物は濃くはっきりと、奥の物は薄くぼかすことで奥行き感を出す描画法です。
色彩などによって遠近を感じさせる方法もあります。この遠近法は、8章で詳しくお話しします。

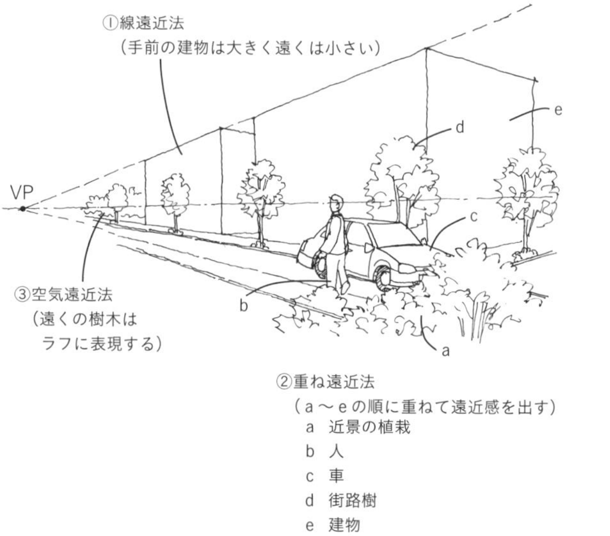

3つの遠近法

5 道具によるスケッチ表現の違い

①鉛筆スケッチ

鉛筆は芯が柔らかいので１本の線でも、筆圧の強弱で、線の太さの調節ができるところによさがあります。ほのぼのとした画風を演出することができます。
下図はフリーハンドで描いたパースですが、柔らかいタッチでほのぼのとした画風を表現できます。

フリーハンドのパース

One Point

石の乱貼りの表現は鉛筆の線の強弱をうまく生かせ！

実際の乱貼りは幅や長さはまちまちなのですが、パースでは、角っぽく、平たく、奥行き方向は、短く描くことがポイントです。奥にいけばいくほど平たくすると、遠近感が自然になり、地面が平らに見えます。また、これも実際とは違うのですが、石の厚み部分は太い線で、それ以外の輪郭は細い線で描くとよい感じの表現になるのです。

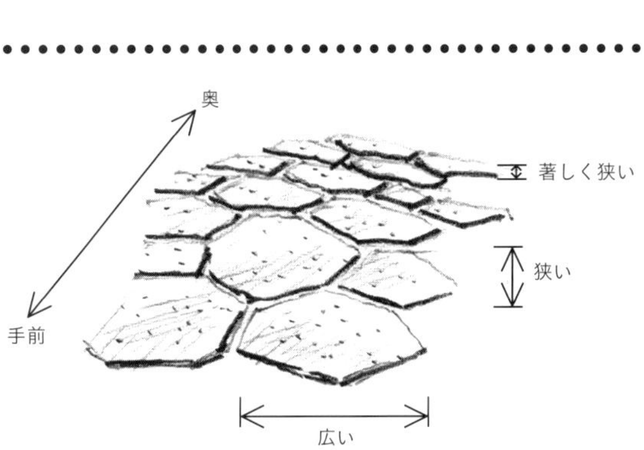

乱貼りのパース

②ペンスケッチ

デザインペンは、インキングの線がはっきりしているので、鉛筆スケッチに比べると明快な表現ができます。

a. 陰影をつけず線のみで表現する

陰影はカラーリング（着彩）のときに色で表現するため、スケッチでは線画のみにしています。

リビングからメインガーデンを眺めたパース

b. デザインペンのみで陰影もつけて仕上げたパース

線画にハッチングによる陰影を表現して立体的に描いたペン画です。プレゼン時に、材質や素材の色が決定していない場合に効果的な手法です。

住宅のパース

6 線画スケッチ表現のまとめ

インターロッキングやピンコロの目地、住宅の屋根、窓などは、線の簡略化や雰囲気のあるハッチングで表現します。パース例で表現方法を参考にしてください。下図はデザインペンで描きましたが、鉛筆にも応用できるテクニックです。

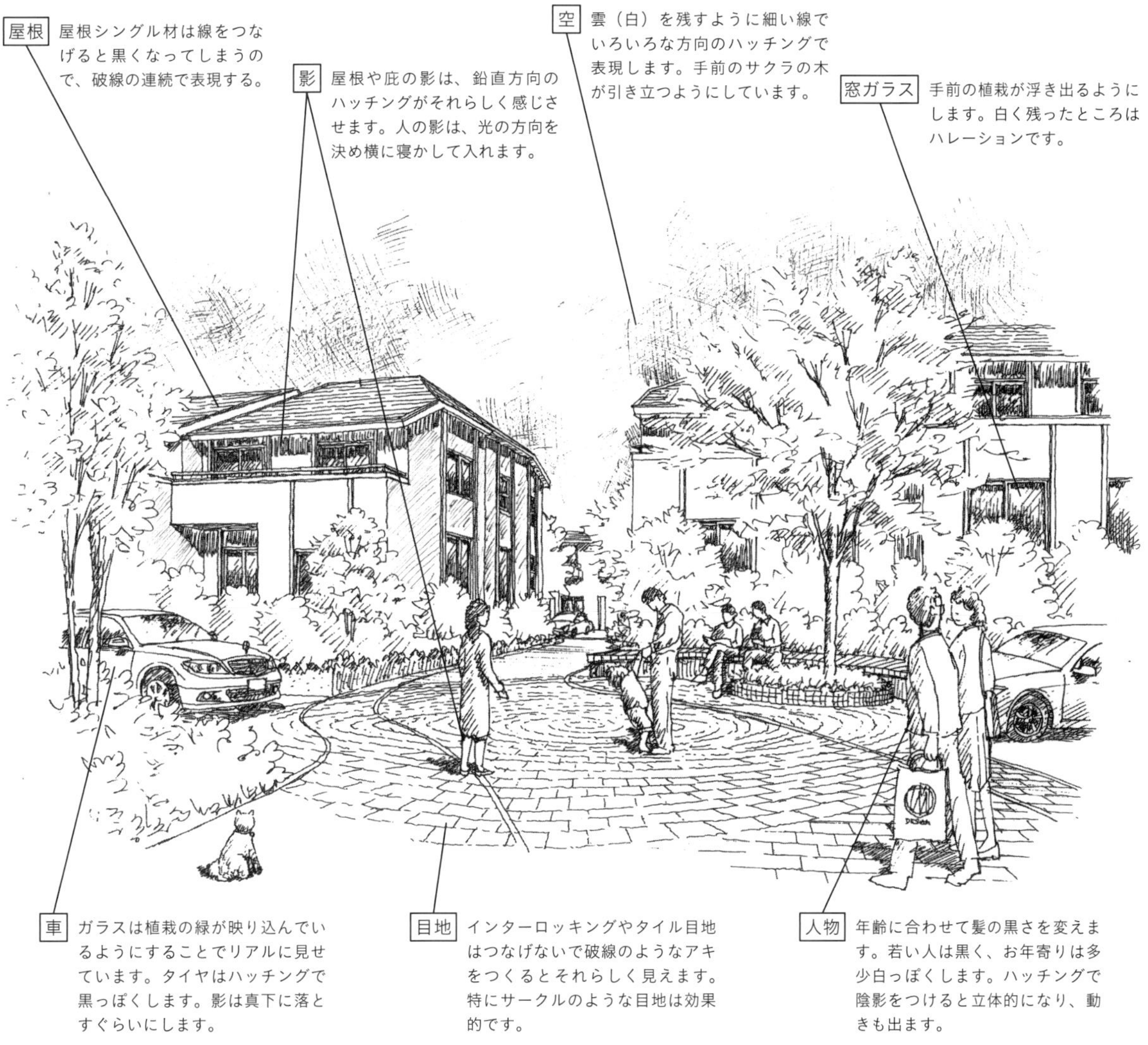
屋根　屋根シングル材は線をつなげると黒くなってしまうので、破線の連続で表現する。
影　屋根や庇の影は、鉛直方向のハッチングがそれらしく感じさせます。人の影は、光の方向を決め横に寝かして入れます。
空　雲（白）を残すように細い線でいろいろな方向のハッチングで表現します。手前のサクラの木が引き立つようにしています。
窓ガラス　手前の植栽が浮き出るようにします。白く残ったところはハレーションです。
車　ガラスは植栽の緑が映り込んでいるようにすることでリアルに見せています。タイヤはハッチングで黒っぽくします。影は真下に落とすぐらいにします。
目地　インターロッキングやタイル目地はつなげないで破線のようなアキをつくるとそれらしく見えます。特にサークルのような目地は効果的です。
人物　年齢に合わせて髪の黒さを変えます。若い人は黒く、お年寄りは多少白っぽくします。ハッチングで陰影をつけると立体的になり、動きも出ます。

部位ごとのスケッチポイント

One Point

ストーリーをつくって演出しよう！

集合住宅のコモンスペースです。親子３人で遊んでいる家族、ベンチに座って話をしている父子、デパートからの買い物帰りの元気な老夫婦のいる休日の午後のひとときを描いています。こうしたストーリーを考えることが、パースの上達につながります。

7 線で描いた図面を立体的に表現する

エスキースの段階などで、平面図、立面図をイメージ的な雰囲気で描くときに、フリーハンドで表現することがあります。インターロッキングやデッキなどの線が多い場合は、破線を用いたり簡略化しながら線を引きます。光の方向を決め、住宅の窓枠、笠木、植栽、車などに太い線で影を落とすと、線だけの図面でも立体的なイメージになります。初期プレゼンに最適です。

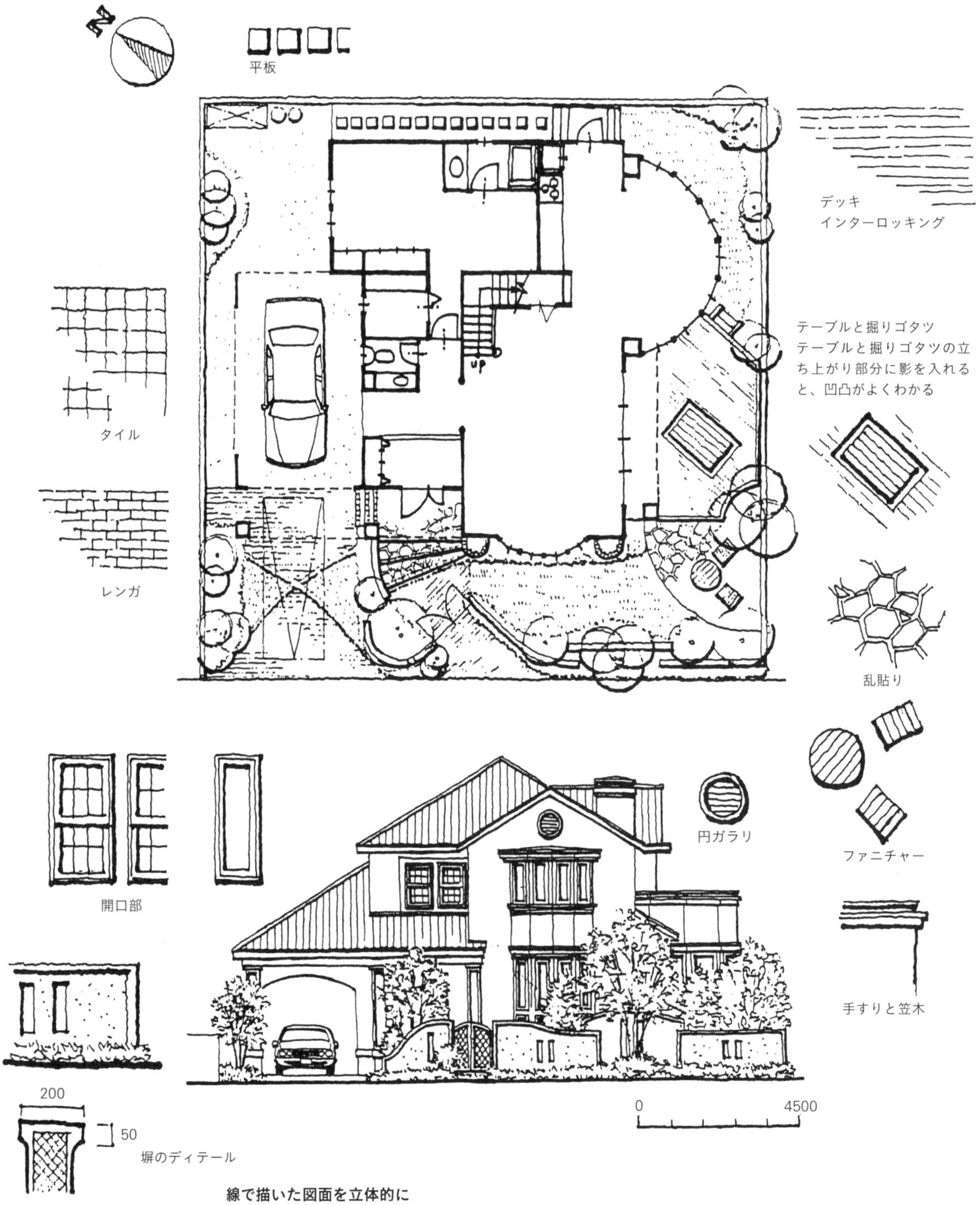

線で描いた図面を立体的に

8 カラーリングの表現

作図（透視図）とスケッチが終了すると、いよいよカラーリングです。カラーリングは、一般に、着色、着彩ともいわれています。
カラーリングに使用する画材は、色鉛筆、マーカー、パステル、透明水彩絵の具による筆塗りが挙げられます。色鉛筆、パステルはマーカー、透明水彩絵の具に比べると、インパクトに欠ける反面、重ね塗りができるので初心者でも比較的失敗が少ないという利点があります。ただし、カラーコピーをとると、明るい色が飛んでしまうので気をつけましょう。

1 画材の特徴

それでは各画材の着彩例を長所、短所を挙げながら、比べてみましょう。単色の着彩例は、左側が1度塗り、右側を2度塗りにしました。スケッチの着彩例は、鉛筆で植栽を描いたスケッチのコピーに、それぞれの画材で着彩しました。各々の画材の特徴を生かし、デザインコンセプトに合わせて、上手に使いこなすことが大切です。

画材の特徴

	単色の表現	スケッチに着彩した例	長所と短所
色鉛筆	水に塗らす  1度塗り　2度塗り		長所：重ね塗りができるため、濃淡がつけやすく、失敗が少ない。 短所：着色に時間がかかる。カラーコピーをとると淡い色が出にくい。
マーカー	 1度塗り　2度塗り		長所：短時間で仕上げられ、カラーコピーをとっても仕上がりがよく、インパクトがある。 短所：ペン先に個性があり、慣れないと塗り方が難しい。
透明水彩絵の具	 1度塗り　2度塗り		長所：仕上がりがきれいで見栄えがよい。混色で好みの色がつくれる。 短所：筆塗りの技術習得が難しい。水彩用紙を手差しできるコピー機が必要。
パステル	 1度塗り　2度塗り		長所：広い面積を短時間で着色できる。柔らかい、ほのぼのとした雰囲気が出せる。 短所：細部の着色が難しい。インパクトが弱い。カラーコピーをとると淡い色が出にくい。

2 色鉛筆による表現

きれいに着色するコツは線を描くように塗り込むことです。上から同様に重ね塗りすると濃く塗ることができます。芯が軟らかいので広い面の着色がきれいにできます。水に溶けるものもあります。なお、油脂を含むものは、芯が硬いことや、消しゴムで消えにくいことから、あまりおすすめできません。推奨メーカーは「ファーバーカステル：Faber-Castell」（以下、カステル）です。芯の減りが早いので、常に鉛筆削りで芯を削って作業しましょう。また、細かい部分や平面図の植栽の影などを描く場合には、硬い芯の「ステッドラー：STAEDTLER」も扱いやすい色鉛筆です。それでは、色鉛筆を使った着彩の手順を解説します。参考までに図中には使用したカステルの色番を示します*。

＊色番号はポイントとなるところのみを記しています。あまりガチガチにここはこの色！と決めて画材を選ぶのではなく、筆者が使った例として参考にしていただければ幸いです。

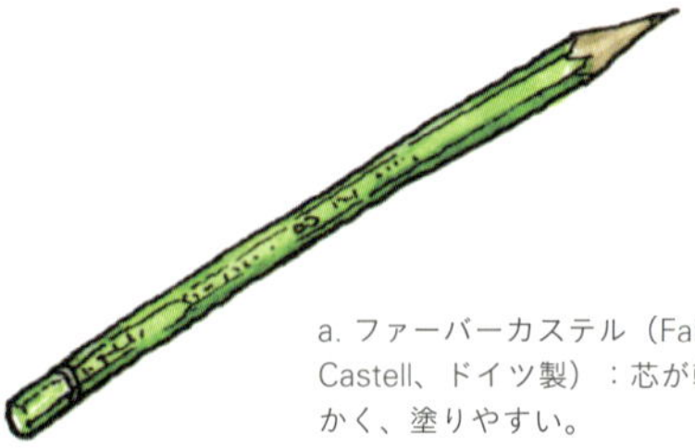

a. ファーバーカステル（Faber-Castell、ドイツ製）：芯が軟らかく、塗りやすい。

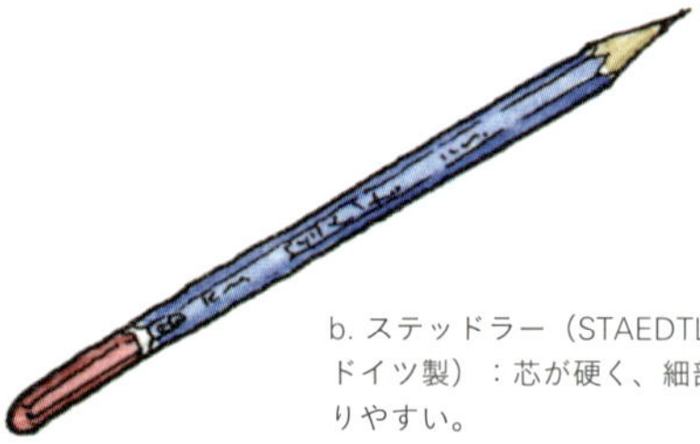

b. ステッドラー（STAEDTLER、ドイツ製）：芯が硬く、細部が塗りやすい。

色鉛筆の種類

①図面の着彩例

❶面積の広い部分、明るい部分から着色するのが基本です。平面図は、芝生、石貼り、木製デッキ、駐車場の順に着色します。芝生、木製デッキは下地に黄色（107）の下塗りをし、上から、芝生は171、デッキは木の色を塗り、混色することで雰囲気が出ます。土間コンは、全体的に明るいグレーを塗り、上から、部分的に青色（151）を弱く塗ると、コンクリートの単調さが避けられ、白さが引き立ちます。立面図は、塀を塗っておきます。

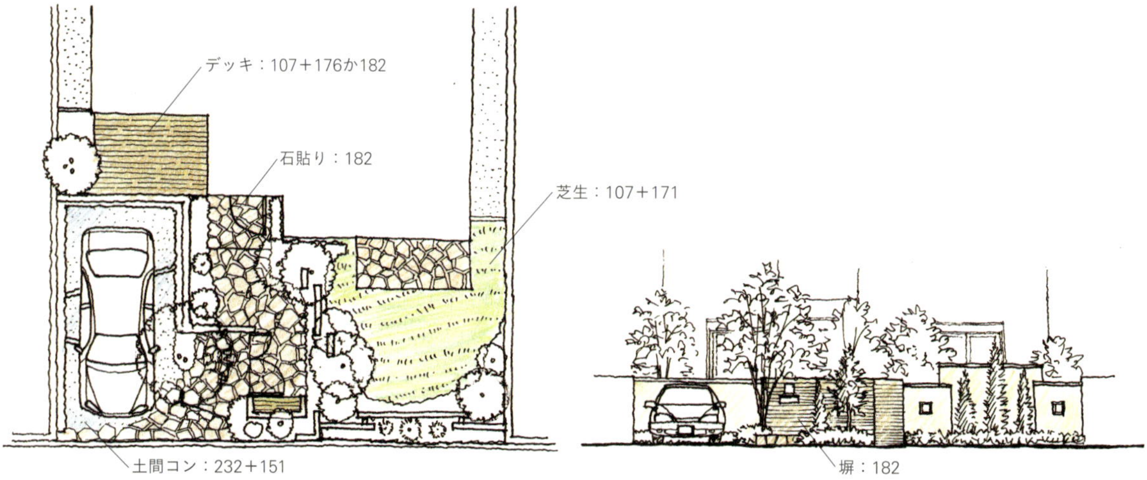

面積の広い明るい部分を塗る

❷植栽を着色します。平面図は、高木→中木（→低木）の順に、明るい→暗い、となるように着色すると、立体感が出ます。針葉樹は、159などの寒色系の緑で塗ると、引き締まります。石貼りは、2色の茶系色で色ムラをつけ、上から、茶系と相性がよい黄色で、部分的に塗り重ねると質感が出てきます。低木は、葉より先に花を、描くように塗っておきます。

立面図は、植栽の中・高木の葉の塊の陰影部分を青色（151）で塗り、上から、葉の色を塗って、立体感を出します。塀のタイルに色ムラをつけ、平面図同様に、低木の花を塗ります。

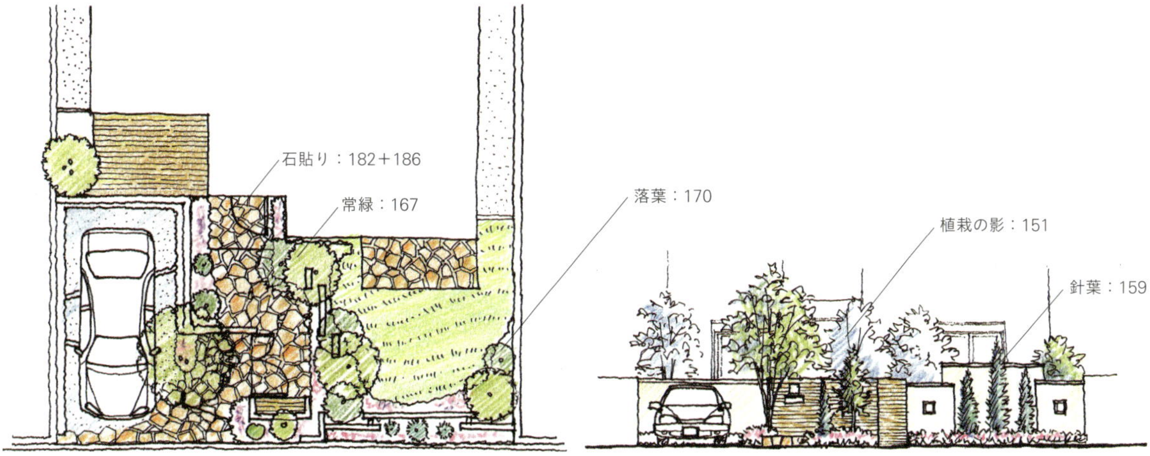

植栽を塗り部分的に重ね塗りする

❸平面図、立面図共、❷で塗った花の色を残すように低木の葉の色を塗ります（One Point 参照）。次に、中・高木に濃い緑で丸みを出し、濃茶（175）で影をつけます。また、平面図は、石貼り舗装の高低差を、立面図は、塀の凹凸の陰影をつけます。このとき奥が濃く、手前が明るくなるように塗ります。そして、平面図、立面図共通で、アクセントカラーとなる車のガラスとボディー、タイヤを塗り、濃いグレーで道路を引き締め完成です。

One Point

白をうまく生かす！

花のまわりに白を残すと花が引き立ちます。葉を塗ってから花を塗ると色が混ざって汚くなります。車のガラスやボディーの光るところも、色をのせず白抜きすると立体感が出ます。

細部を塗り陰影をつける

②パースの着彩例

❶一般には、面積の広い明るい部分から着色していきますが、このパースは、先に、手前の高・中木の植栽を塗っていきます。立面図同様、青色（151）で陰影をつけてから、手前のシンボルツリーは、明るい緑色（171 程度）で、塀の奥の中木は少し、青みがかった緑色（167 や 159）にすると遠近感が出てきます。また、低木の花を塗っておきます。

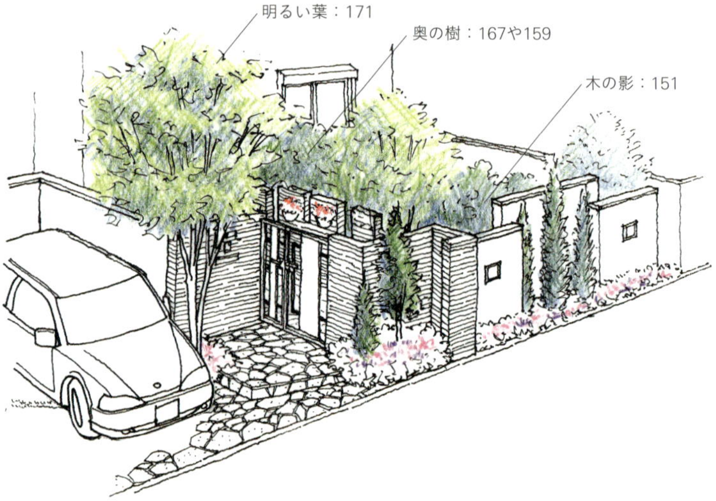

植栽を先に塗っておく

❷次に、駐車場の土間コン、石貼り、塀、プランター立上りの順に、着色していきます。塀は、高・中木の葉の色をよけるように、正面、側面をいっしょに塗ってから、側面だけ重ね塗りして、立体感を出します。

植栽周辺の広い部分を塗る

One Point

高・中木の植栽を柔らかく、ボリュームたっぷりに着色するには…

濃い色の塀を先に塗ってしまうと、塀の色と植栽の葉の色が混色されて、植栽のボリュームが小さくなり、樹形の輪郭が汚れて、見栄えが悪くなります。マーカー、水彩絵の具では、植栽から塗ることが鉄則です。

❸平面・立面図同様に、低木の花が引き立つよう、葉の色を塗ります。門扉などの小物を塗り、全体的に一通り着色できたら、石貼り、塀のタイルの色ムラを塗り込み、質感を出します。

小物や細部を塗り質感を出す

❹車のボディーやフロントガラスは、光を感じるように塗り、バックの住宅の外壁、窓を、あっさりと塗ると、臨場感が出ます。植栽や車の影を塗り、細部をタッチアップして完成です。

陰影や光の表現をする

3 マーカーによる表現

ペン先が細いものと太いものでツインマーカーになっている、Too 社の「コピック：COPIC」をおすすめします。コピーのトナーを溶かさず、色数、ペン先も種類が豊富です。

a.コピック（COPiC）
筆先が２つあり、３段階の太さの線を引くことができる。

b.コピック：筆タイプ
水彩画の筆のようになっている。

c.補充液

d.マーカーパッド紙
コピック専用紙。濃い色でもムラになりにくい。手差しコピー可。

マーカーと関連用品

One Point

机を汚さないように…

マーカーは、透過性に優れているため、塗った紙面を通して机上が汚れることがあります。着色する紙面の下には、必ず、コピー用紙などの白い紙を下敷きとして使用しましょう。

①図面の着彩例

❶平面図は、面積の広い明るい部分である、300mm角タイルの舗装面から塗ります。砂利は、細いペン先で、白い部分を残しながら塗ると、サービスヤードの土間コンと同じ色で塗っても質感の違いを出すことができます。立面図は、住宅外壁を塗っておきます*。

*図の色番号は、コピックのものです。参考としてのせています。

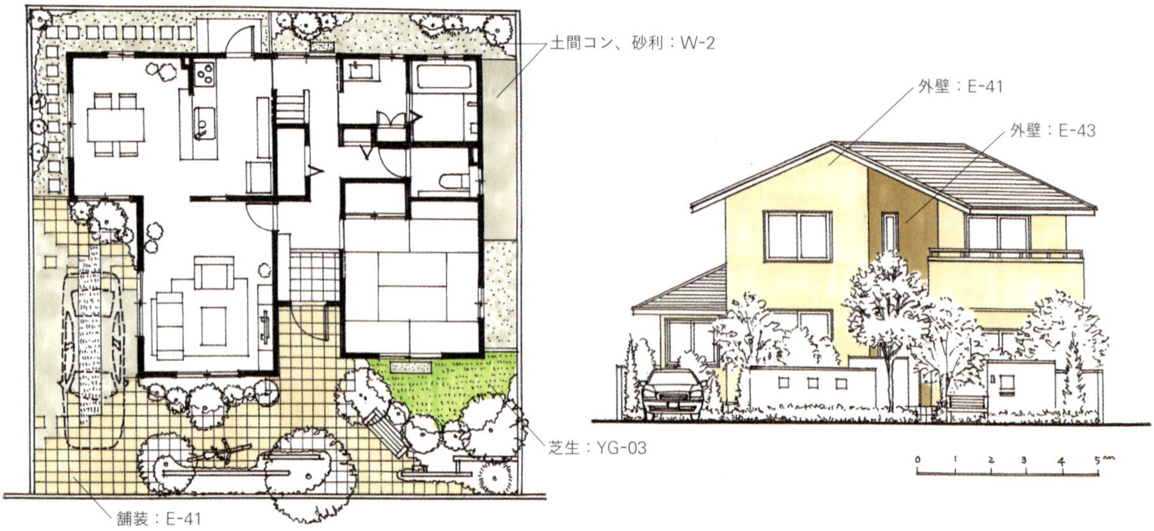

面積の広い明るい部分を塗る

❷平面図は、植栽を高木→中木（→低木）の順に、明るい→暗いとなるように塗り分けます。低木は、葉の色を塗る前に、細いペン先を使って、花を描くように塗ります。立面図は、高・中木を、基本的に、手前→奥の順に、明るい→暗いとなるように塗り、低木は、花を塗ります。

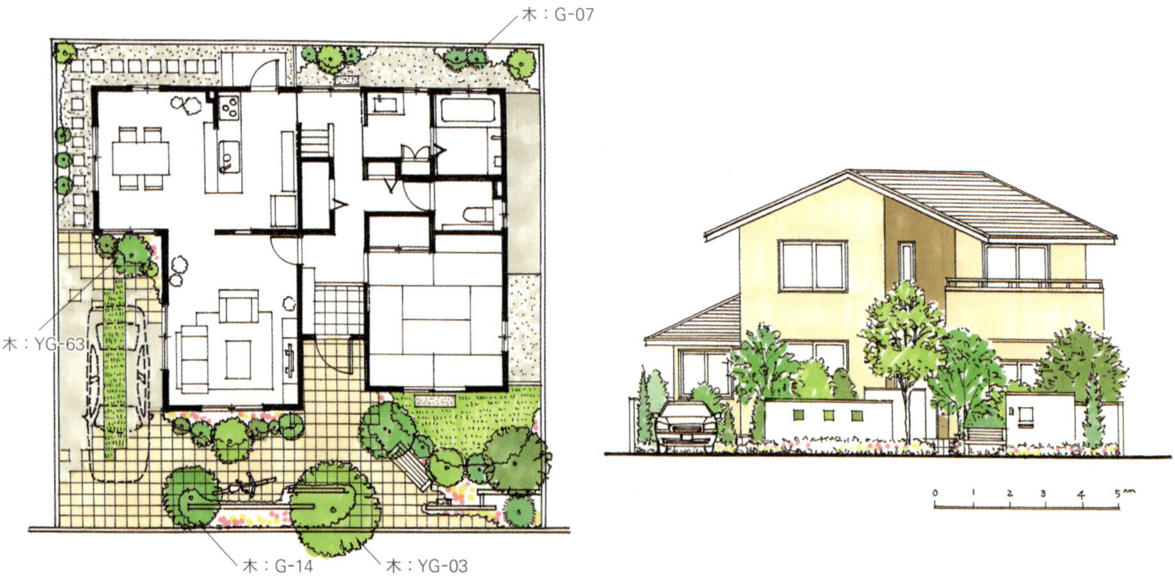

植栽を遠近の明度差がつくように塗り分ける

❸平・立面図共、低木の葉は、花や高・中木を引き立てるように濃い緑で塗ります。光の方向を決め（南西）、高・中木に同色で陰影をつけます。また、平面図は、タイルの色ムラを同色で塗り、単調さをなくします。

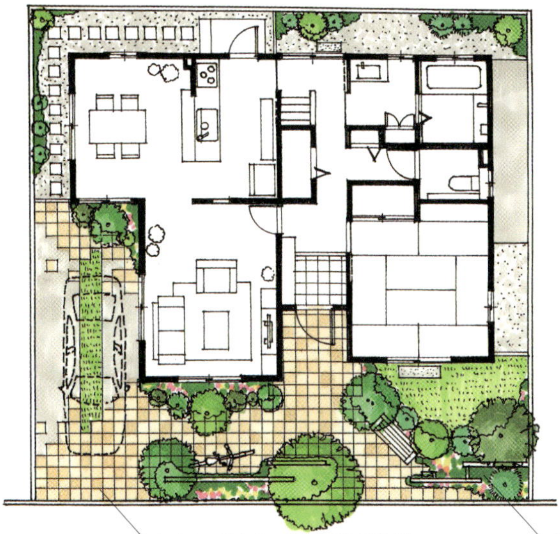

陰影と色ムラで奥行きを出す

❹平面図は、道路の幅を広くしないように塗ります。ベンチ、自転車などの小物は細いペン先で塗ります。全体的に塗り終わったら、植栽などの影を入れます。芝生面とコンクリートに落ちる影は色を変えましょう。玄関ポーチの段差は線のキワを濃い目に線で塗ります。
立面図の屋根は、細いペン先で定規を用いて左から右方向に塗る作業を、上から下に、繰り返すときれいに仕上がります。白い塀や門袖は、部分的に薄いグレーでタッチを入れる程度で立体感を出します。空は雲を白く残すように塗り、部分的に２度塗りして雰囲気を出します。

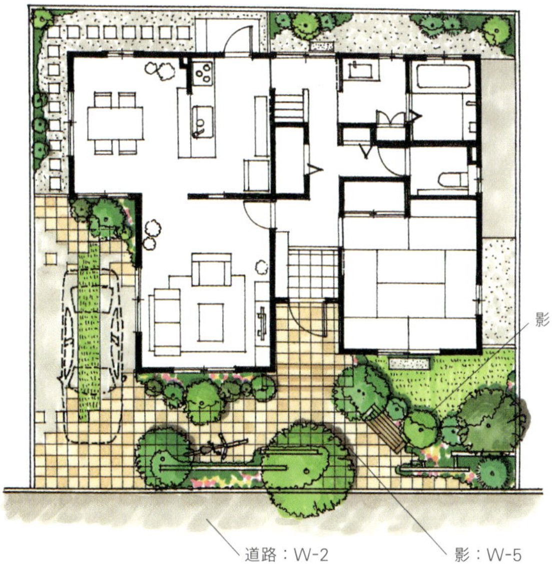

小物や背景を塗り仕上げる

②パースの着彩例

❶面積の広い明るい部分から着色します。300mm角タイル舗装面と住宅外壁は、色ムラを気にしないで、一気に塗ります。舗装面は、奥を軽く2度塗りにすると、遠近感が出てきます。塀は、仕上げの色が白の場合は、手前の植栽をよけて、影になる面のみを塗ります。道路は、実際には広くても、幅を狭くして、左右のストロークで塗ると平らに見えます。

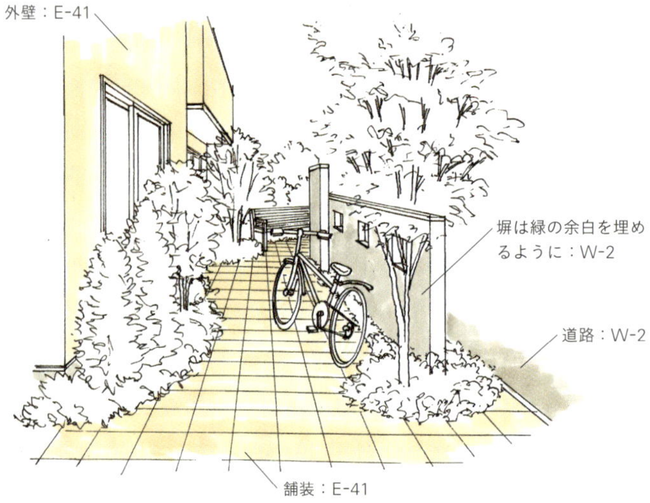

面積の広い明るい部分を塗る

❷手前から奥に向かって、植栽を塗ります。手前は黄緑色系で、奥は青緑色系からクールな薄青緑色系で塗って遠近感（空気遠近法）を出します。低木は、花の色を塗っておきます。白花は、葉の色を塗った後、ペンタイプの修正液でチョンチョンと、叩くように塗ります。

植栽を塗る

❸300mm角タイルの色ムラを同色で塗ります。次に、低木の葉の色を塗り、植栽に陰影をつけます。自転車、ベンチなどの小物を塗り、塀、植栽の影を塗ります。手前の高木や塀、自転車の影は、斜め左よりに、低木、ベンチの影は、光が直上に近い方向から当たっているように影を落とすと、それらしくなります。最後に白（雲）を残すように空を塗り完成です。

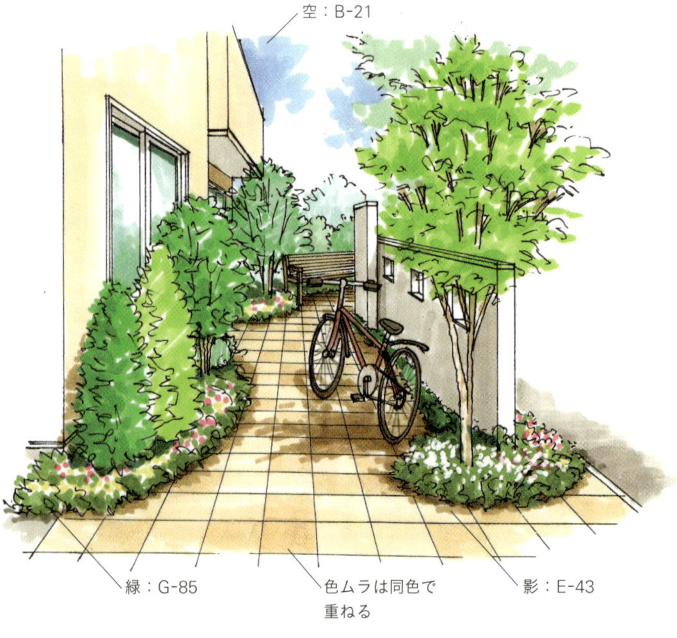

小物や陰影・背景を塗る

One Point

自転車の車輪の中は、明るめに…

自転車の車輪は、スポークが中心から、たくさん放射状に伸びています。スケッチは、鉛筆の線で薄く入れるのですが、どうしても、車輪全体が暗くなって見栄えがよくないのです。着彩時は、車輪は軽く1度塗りにして、明るめにしておくと、仕上がりがよくなります。

4 透明水彩絵の具による表現

透明水彩絵の具は、透明度が極めて高いピュアな発色が特徴です。混色が自由自在にでき、仕上げ材料の色を、かなり正確に出すことが可能です。また、植栽も柔らかく仕上げることができ、エクステリアを描くのに向いた画材ですが、筆遣いの習得が必要です。おすすめは、比較的安価な「ホルベイン：HOLBEIN、日本製」や、高価ですが、すばらしく発色がよい「ウィンザー&ニュートン、WINSOR & NEWTON、英国製」などがあります。

a. パレット
筆で絵の具を混ぜて色をつくる

b. 筆洗い
筆を洗う容器

c. 雑巾
筆についた絵の具の量を調節したり、水をふき取る布

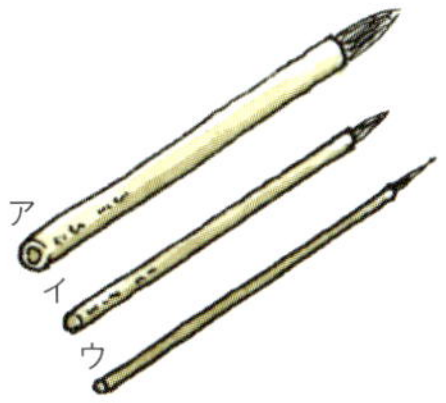

d. 筆
ア．隈取筆：広い面を塗る
イ．彩色筆：小物を塗る
ウ．面相筆：細かい面、細い線などを塗る

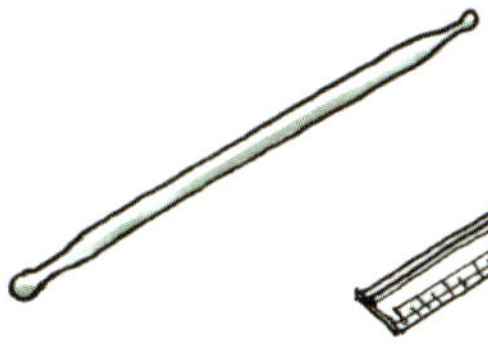

e. ガラス棒

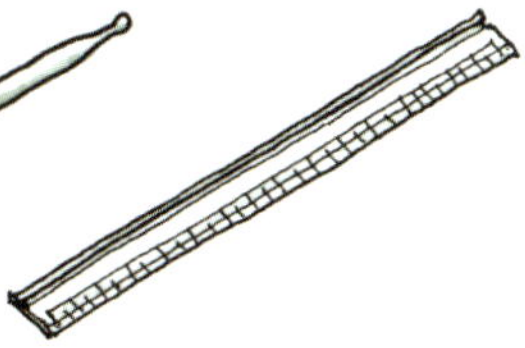

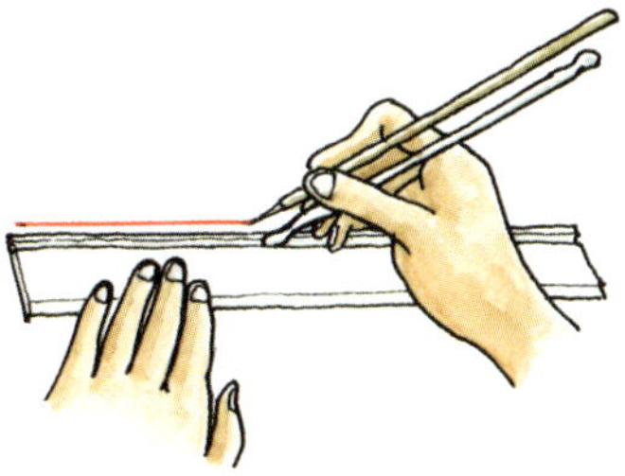

f. 溝引定規
細い線を塗るとき、または引くとき、箸を持つ要領で筆とガラス棒を持ち、溝引き定規の溝にガラス棒を入れ、左から右に移動させて引く

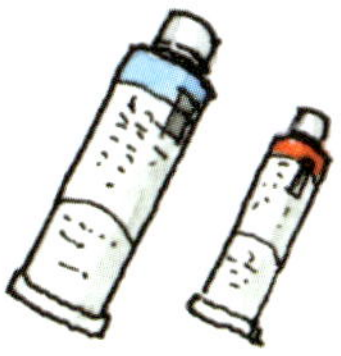

g. 透明水彩絵の具
スケッチの線の上に塗っても、線が消えない透明度の高い絵の具

h. 不透明水彩絵の具（ガッシュ、ポスターカラー）
スケッチの線の上から塗ると、線が消えやすいカバー力のある絵の具。主にホワイト（白色）を使用

i. ドライヤー
筆で塗った絵の具をすばやく乾かす

水彩絵の具と関連用品

①雑木の庭のパースの着彩例

雑木の庭のように手前から奥に重なっている多数の植栽の着色は、ベタッとなってしまって、上手に塗るのは、難しいものです。下記の3つの条件を満たせば、見栄えがよくなります。

①手前の木（黄緑色）→中間の木（緑色）→奥の木（青緑色）と葉の色を黄色系→淡い青色系にする。

②距離の近い手前とそのすぐ後ろの木は手前を明るく、後ろは暗い葉の色にする。

③遠くにある木や借景などは、淡い青色系の葉の色にして距離感を出す。

この①、③は空気遠近法、②は明度遠近法です。

それでは、着彩例の解説をします*。

One Point

洋画用の平筆は、広い面を塗るには適していますが、星形のような複雑な形は塗りにくいものです。おすすめは日本画を描く丸筆です。筆おろしの際、水で筆先を濡らして平らにし、毛先をはさみで軽く切ってそろえて使います。

隈取筆は、広い、四角い面は、洋画用の平筆のような穂先にして塗り、星形のように変形した複雑な面は筆先をとがらせて塗ればきれいに塗ることができます。1本で丸筆、平筆が併用できる便利な筆です。

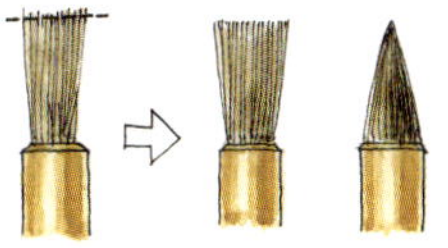

日本画用の筆は、穂先を切りそろえて使い分ける

洋画用の平筆

＊次ページの作図中に示したカラーチャートの記号は、ホルベインの色名称を筆者が記号にしたものです。アルファベットのイニシャルは、実際の商品には付いていないのですが、解説の便宜上付けました。また、解説文の、基調色：主になる色、少し：基調色よりかなり少な目、隠し味：見た目にわからないくらいのほんの少し、は、感覚的なものですが、色調合の目安にしてください。

❶植栽がメインの場合は、手前の植栽から奥へと塗っていきます。
① 真ん中の手前の高木（SG：基調色＋ CY：少し）
② 一番手前の左の中木（SG：基調色＋ CY：少し）
③ 一番右側の中木（SG：基調色＋ CY：少し）
④ ①の後ろの中木２本（PG：基調色：＋ CY：少し）
⑤ ②の後ろの左右の中木３本
（PG：基調色＋ CY：少し）
⑥ 後ろの高木２本を少しクールな緑色で
（VI：基調色＋ CY：少し）
⑦ 右側の借景の中木を淡い色で
（VI：基調色＋ PG：少し＋ CY：隠し味）
次に、部分的に芝生の下地塗り（YO）をしておきます。

手前は明るく奥は暗く塗る

❷芝生（PG：基調色＋ CY：少し）を塗った後、光の方向を決め、植栽に陰影をつけて立体感を出します。色は❶でのせた色を、もう一度、重ねて塗ってください。図は、正面より右方向から光を当てたイメージにしました。雑木のような落葉樹が多い場合は、葉の塊ごとに陰影をつけたほうが、軽く、柔らかい仕上がりになります。
テラスの土間コン（DG または、GG ＋ IN や SP など）と、家具（YO：基調色＋ BU：少し＋ SP：隠し味）を塗っておきます。

芝生やコンクリートを塗る

❸家具の影（IN：基調色＋ SP：少し）や植栽の影（VI：基調色＋ IN：隠し味）を入れ、空（PB）を淡く塗ります。グレーの色鉛筆で土間コンの洗い出しの質感を出し、塗り残しや気になるところをタッチアップして完成です。

陰影や背景を塗る

着彩事例の記号の実際の表記は、
BU：バーントアンバー／ CY：カドミウムイエローライト／ DG：デイビスグレー／ GG：グレーオブグレー／ IN：インディゴ／ PB：ピーコックブルー／ PG：パーマネントグリーン／ PR：パーマネントレッド／ SG：サップグリーン／ SP：セピア／ VI：ビリジャンヒュー／ YO：イエローオーカー／
を表します。

One Point

黒は出来合いの色は使わず、調合して使え！

市販の黒い絵の具は、そのまま使うとガチガチの硬い絵になってしまいます。「つくった色を少し暗くして使いたい」「暗い色を塗りたい」場合、黒は、そのまま混ぜるのでなく、こげ茶（SP）＋藍色（IN）を調合した色を混ぜましょう。和らいだ仕上がりの絵になります。

②セピアトーンの水墨画風着彩例

和風のデザインを取り入れた、分譲住宅の街並み計画案の着彩例です。敷地が歴史的な街並をもつ街の近所だったため、古風なセピアトーンにしました。建築は屋根をSP（基調色）＋BU（少し）で、外壁をYO（基調色）＋GG（少し）で着彩しました。植栽とバックの樹木は、YO（基調色）＋GG（少し）で全体を塗り、GG（基調色）＋YOで陰影をつけて立体感を出し、全体が暗くなりすぎないような配色にしました。

同系色でセピアトーンに

③透明水彩絵の具＋色鉛筆の着彩例

平面図は、人やファニチャーを描き込み、生活感を演出しています。アクセントカラーとなる車は、透明水彩絵の具の、BU（基調色）＋SP（少し）や、CYを使っています。センターより少しずれたところを白抜きにすると光って見えます。

パースは、ガラスはDG（基調色）＋VI（隠し味）で塗り、車同様、白抜きで光らせます。アーチの木部（YO：基調色＋BU：少し＋SP：隠し味）やデッキ（YO：基調色＋BU：少し）は単調にならないようにむらをつけて塗ります。レンガタイルは、下地（BU：基調色＋SP：少し）を塗ってから、BUやエンジ色（BU：基調色＋PR：隠し味）など2色程度の色むらで重厚感を出します。なお、植栽の色については、左ページを参考にしてください。

着色後は色鉛筆の、濃い緑色系（167程度）で芝生の目を、アーチのレンガタイルを、焦げ茶（176程度）で塗り込み、アーチ木部・ウッドデッキには、茶色系（182程度）で木目を入れ、全体的に質感を強調して雰囲気を出します*。

＊色番号はカステルです。

全体を水彩絵の具で着彩し細部を色鉛筆でタッチアップ

5 パステルによる表現

▶ 1：**顔料（がんりょう）**
着色に用いる粉末で水や油に溶けないものの総称をいいます。性質のまったく異なる、着色に用いる粉末で水や油に溶けるものは「染料」といいます。

乾燥した顔料▶1を粉末状にして粘着剤で固めた画材です。カッターナイフで削って粉末状にし、ティッシュに付けて、画面をこするようにして塗ります。慣れると、指でこすって塗ることもあり、短時間に濃く着色することができます。細部は、綿棒をこすり付けて着色すると上手に仕上がります。必要のないはみ出した部分は、練り消しゴムで、叩くようにして消します。固着力が弱いので、パース完成後、定着剤のフィキサチーフをスプレーする必要があります。
それでは、手順の解説をしていきます（パステルは、色番がないので一般的な名称を挙げています）。

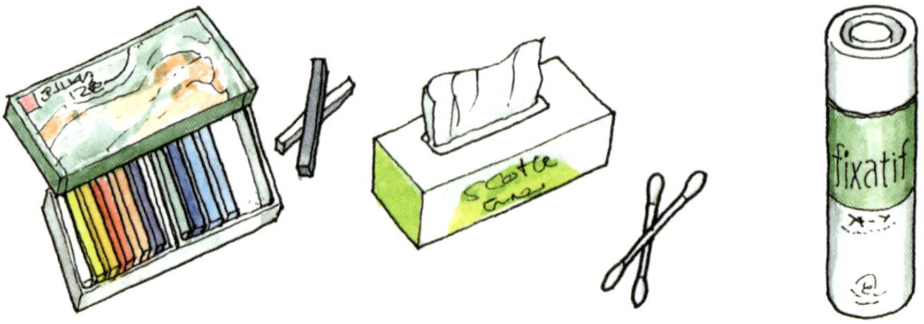

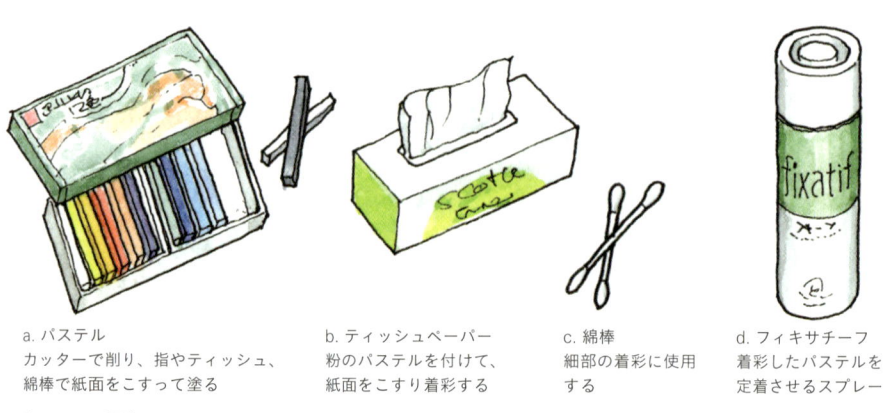

a. パステル
カッターで削り、指やティッシュ、綿棒で紙面をこすって塗る

b. ティッシュペーパー
粉のパステルを付けて、紙面をこすり着彩する

c. 綿棒
細部の着彩に使用する

d. フィキサチーフ
着彩したパステルを定着させるスプレー

パステルと関連用品

＊基調色：主になる色、少し：基調色よりかなり少なめ、ほんの少し：わずかに色味を変える程度、です。主観的なものですが、目安にしてください。

❶芝生（黄土色下地＋緑色：基調色＋黄色：少し）、レンガ色のタイル（茶色）、石貼り（黄土色：基調色＋レモン色：少し＋灰色：少し）を塗ります＊。塀は白色なので、側面のみ、灰色で塗ります。すべて、広い面なので、指で塗れます。

明るく広い面を塗る

❷高・中木（緑色：基調色＋黄色：少し）と低木（緑色：基調色＋黄色：高・中木より少なめ）を塗ります。コニファー類の緑色は、綿棒で塗ると、はみ出さず、きれいに塗れます。次に、パラソルと窓ガラス（灰色：基調色＋緑色：少し＋黄色：ほんの少し）を塗り、石貼りテラスの段差の蹴上げ部分は、灰色を塗って、立体感を出します。

植栽、建物などを塗る

❸空（セルリアンブルー：基調色＋青色：少し）を表現します。塀の向こうの借景となる植栽を、住宅の外壁側に多くなるよう、グレーっぽい緑色の色鉛筆で描くように塗り、遠近感を出します。水は、一番明るく光るところは何も塗らず、白抜きにします*。また、池の立上りを色鉛筆の濃い青色などで、誇張気味に塗ると、水の映り込みがリアルに見えます。最後に色鉛筆で塀の笠木とこてムラ、芝生、飾り格子や籐の家具の質感をタッチアップし、人、家具や植栽の影を塗り、完成です。

＊一番明るい光は中心より左右にずらすと自然に見えます。

背景と細部を塗り、部分的に色鉛筆でタッチアップ

One Point

パステル画は影の濃さを控えめに…

パステルは、淡いソフトなタッチが魅力です。そのため、植栽などの影は濃すぎると硬くなり、パステルの持ち味がなくなるので、加減して表現しましょう。不思議と影がなくても絵になる画風です。

6 画材による空と道路の表現の違い

カラーリングの中で、図を引き立たせるテクニックは、「空」と「道路」の表現です。ところが、空は、雲の入れ具合がよくわからない、道路は、平らに見えない、均一で面白くない、などと表現が難しいという声をよく聞きます。色鉛筆、パステル、マーカーのテクニックの違いがわかるように解説していきます。

①空の表現

●色鉛筆

❶青色系で左から右に向かって斜線を描くようなストロークで塗ります。同様に、斜線のストロークを最初に塗った方向と交差するように塗ります。

❷❶の作業を上部→下部に向かって、紫色→青色→水色のグラデーションになるように塗ります。地平線の上あたりはレモンイエロー色系で塗り上げます。

●パステル

❶青色と紫色をカッターで削り、粉を落とし、画面上部に指を回すようにこすって塗り、下地をつくります。

❷画面下部に黄色を、❶と同様に指で塗ります。練り消しゴムで叩くようにして空を消して、雲をつくります。

●マーカー

❶空を描くというより、雲の白を残して、太いペン先の明るい青色で、勢いよく塗ります。

❷部分的に同じ色を２度塗りします。変化が欲しい場合は、少し濃い目の青色でコントラストをつけます。

②道路の表現

メリハリのつけやすいマーカーで解説します（色番号はコピックのものです）。

●マーカー

❶フラットなイメージの線を入れ、道路縁石側に灰色（W-2）で縦方向のようなタッチを入れます。ほどよく塗らない部分もつくります。

❷道路の手前側に濃い灰色（W-5）で、引き締めるようにタッチを入れます。

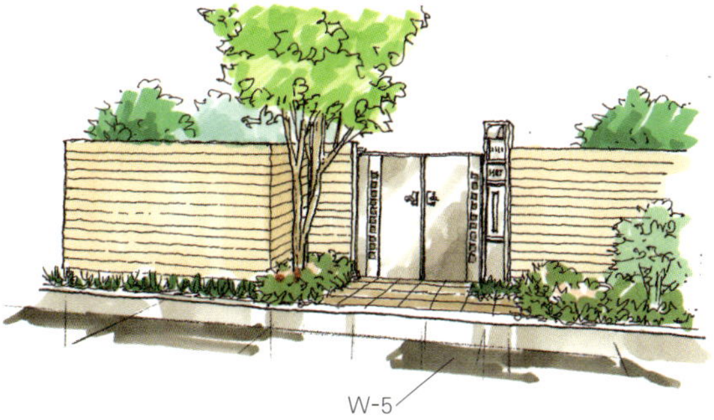

❸❷のタッチを弱めるつもりで、道路の縁石側に灰色（W-2）をほどよく塗ります。また、手前側も灰色（W-2）や濃い灰色（W-5）で部分的に塗り重ね、落ち着かせ、❶の線をタッチアップして完成です。

●色鉛筆

表現方法は基本的にマーカーと同様です。

●パステル

2色で塗り重ねると雰囲気が出ます。

One Point

カラーリングの５つのポイント　まとめ

色鉛筆、マーカー、透明水彩絵の具、パステルなどさまざまな画材も、表現方法に共通点があります。画材ごとのポイントがわかるようにまとめました。例は色鉛筆です。

①植栽　(画材共通)
手前から奥に遠ざかるにしたがって、後退色である青色系を多く混色するほど、遠近感が強調されます（空気遠近法）。一般に、近景の黄緑色→中景の緑色→遠景の淡い青緑色、淡い青色、淡い薄紫色の順に着色して遠近感を出します。

②空（色鉛筆、パステル）
上部から下部にいくにしたがって、紫色＋青色の混色→青色＋レモン色の混色→レモン色の配色で遠近感を表現します。雲を入れたいときは、練り消しゴムで部分的に叩くようにして描きます。

③アプローチ舗装、外壁、塀（画材共通）
間口方向は奥から手前へ、奥行き方向は手前から奥へと、「濃く→薄く」塗って遠近感を表現します。手前、奥の平行な塀は、同じ色、同じ仕上げの場合、手前は薄く、奥は濃くすると、ほどよい遠近感を出すことができます。

④道路（色鉛筆、マーカー、透明水彩絵の具）
間口、奥行き方向にほどよく線を入れ、雨上がりの濡れた道路のように、灰色で、門扉、塀などが道路に映り込んでいるように塗ります。単調にならないよう、青色や青紫色を塗ることで変化をつけ、最初に引いた線をタッチアップします。

⑤花（色鉛筆、マーカー、透明水彩絵の具）
花の色をマーカーの細いペン先で塗っておいて、葉の色となる濃い緑で、白い部分や花の色を残すように塗ります。葉の色を塗り込んだ後、ペン先の細い油性マーカーや修正液で「チョンチョン」と花をさす方法もあります。

9 写真を応用する

住宅産業の需要は、ここ10年ほど新築が減少し、だんだんと、リフォーム事業が増えてきました。エクステリア業界も同様で、アプローチまわりなどのデザイン提案が多いようです。
リフォームの際、現場写真を利用してビフォー→アフターが、クライアントに一目でわかるように、パースを描く方法があります。

1 現場写真を使う

前面道路に接したアプローチのパースを描く場合は、現場写真を下敷きにしてパースを起こし、デザインを入れ込むと上手に作図ができます。下記にその手順を説明します。

❶リフォームなどをする現場をデジカメなどで撮影します。できるだけ、住宅外壁や塀の高さ方向のラインが画面に垂直になるように撮影します（2消点になるように撮影するということです）。現場が広くて画面に入りきらない場合は、下図のように撮影ポイント*を軸にして放射状に現場撮影します（デジカメやスマートフォンなどにパノラマ機能があればそれを使ってもよいでしょう）。

*このポイントが、パース上のSPとなります。

垂直のラインがまっすぐになるように撮影する

1枚にまとめる

現場を放射状に撮影した例

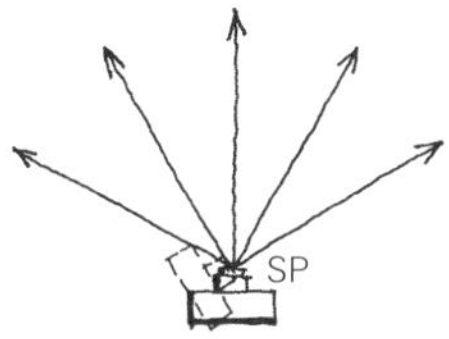

横に広がり1枚の写真に納まらない
現場はSPを軸にして放射状に撮影

現場を撮影する

❷❶の現場写真の中からプレゼンに適したアングルを選択します。プリントした写真を机上にテープなどで固定して、住宅の庇や門袖のテーパー（傾き）を目安にVP_1、VP_2、ELを求めます。このとき、ELはできるだけ、画面に水平（住宅外壁や門袖の高さ方向に対して直角）になるようにしてください。

現場写真からEL、VP_1、VP_2を求める

❸❷で求めたVP_1、VP_2、ELを目安にあらかじめ検討しておいたデザインを現場写真に赤鉛筆などで落とし込みます。落とし込みが終わった後、トレーシングペーパーをのせ、きちんと整理した作図をつくります。

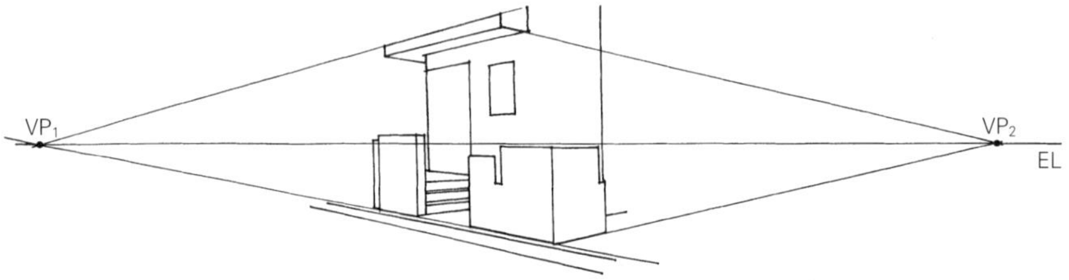

デザインを落とし込み作図をする

❹❸の作図の上に、さらにトレーシングペーパーをのせ、手前から奥のものへとスケッチをします。必要に応じて、着彩をし、パースが完成します。

スケッチと着彩をして完成

One Point

現場写真から実際の物の高さを割り出せる！

現場写真でアイレベル（EL）がわかると、物の高さを割り出す目安になります。
図のように、道路が坂道でなく、水平の場合、道路面からELまでの高さは、どの位置でも、みな同じ高さになります。たとえば、1で解説した現場写真はEL＝1500mmになっています。このELの水平ラインから下の鉛直方向は、どこを測ってもすべて同じ1500mmの高さになります。そこで、右側の塀はh＝約1500mm、左側の門袖はh＝約1700mmというように各々の高さがだいたいわかります。
実際には、人の目の高さ（EL）は個人差があるので、あなたが、現場を撮影するとき、あらかじめ、自分のELを調べておくと、現場写真から、現況の塀や門扉などの高さを割り出すことができるのです。
余談ですが、足元から測った私の目の高さ（EL）は、1500mmです。まさにパースを描くために生まれてきた人間ということになります（笑）。

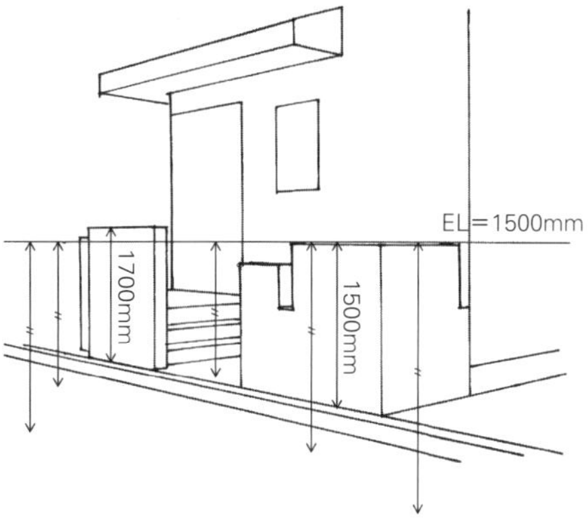

〃はいずれも1500mmになる

2 写真を使った作品例

現況の殺風景なアスファルトの駐車場を明るいイメージにデザインしたプレゼン例です。和らいだイメージにするため、フリーハンドでスケッチし、マーカーで着彩しました。現況写真から、隣りの塀を取り除き、アーチや舗装を入れ込めば、アプローチ全体のイメージがパースからよくわかります。

ビフォー

現況写真では見えないアプローチ全体をパースで表現して、デザインイメージを見せる。

アフター

10 CADと手描きを併用する

1 CADパースに手描きで植栽を加える

「CAD図面は表現が固いので…」「もう少し柔らかいタッチの図面ができないでしょうか？」という要望をよく聞きます。タイルの目地などの決まったパターンの細かい作業や手描きでの作図が難しい曲線はCADを扱い、植栽などを手描きで加えることで、手早く、より見栄えのよい図面・パースを表現できます。曲線を多用した複雑なデザインのアプローチをCADで作図し、手描きで植栽をプラスしてみましょう。

❶パースのアングルを決め、CADデータから植栽を除いて出力します（下図左）。
❷出力したCADパースの植栽に重なる線を修正液で消し、コピーを取ります。鉛筆で薄く植栽のアタリをとってから消すと作業がやりやすくなります（下図右）。

パソコンから植栽を除いてCADパースを出力する

植栽を描く部分を修正液で消す

＊植栽などを描く画材は、デザインペン（0.2または0.3mm）を用いるとちょうどよい仕上がりになります。

❸❷で取ったコピーに植栽を手前から奥へと描いていきます＊。下図の参考例では、高木→低木→コニファー類→生垣の順になります。
❹最後に、石の乱貼り、照明の細いフレームや門扉は、厚み部分を太くなぞり、立体感を出して完成です。

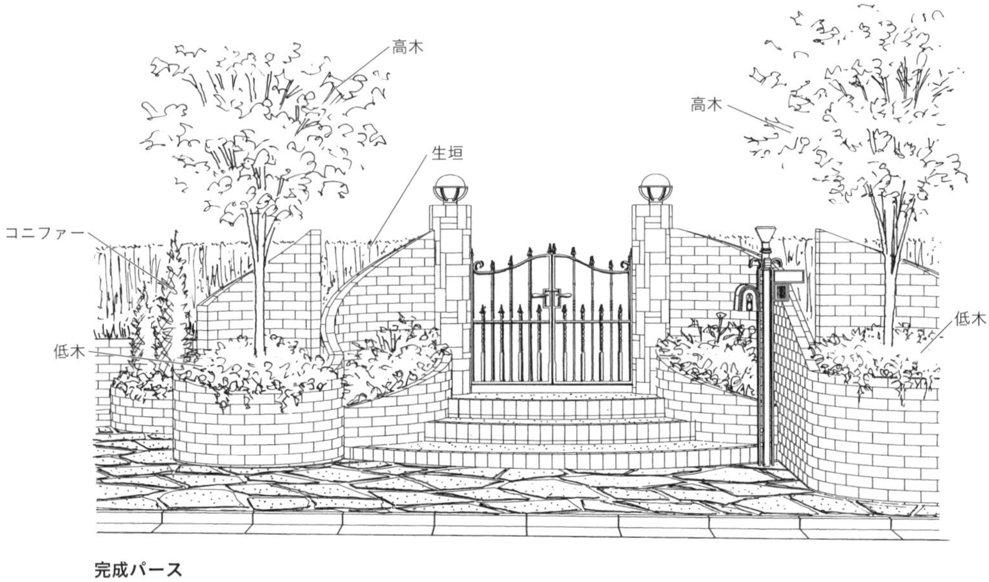

完成パース

2 CAD パースに手描きでエクステリアを加える

住宅パースは、ほとんどの大手のハウスメーカーで、自前のソフトが開発され、自社でプレゼンできる時代になりました。しかし、車や植栽を入れ込んだ住宅パースを短時間で仕上げるとなるとかなり使いこなさないと、難しいのが現状です。また、初期段階のプレゼンでは、設計変更もあるため、そのたびに図をつくり直すのは手間がかかります。住宅はCAD データを出力し、それに手描きでエクステリアを描き込んでパースを作成してみましょう。グリッド図法で作図します。

❶あらかじめ用意された CAD で描いた平面図の外構部分にグリッドを入れ、縦軸線に 0、1、2、…7、横軸線に A、B、C、D と記号を付けます（下図の例は 1 グリッド＝2m）。

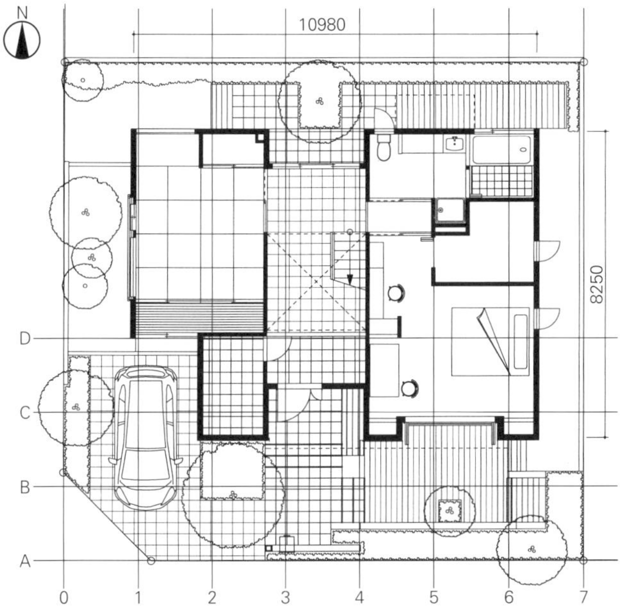

1F平面図、外構図

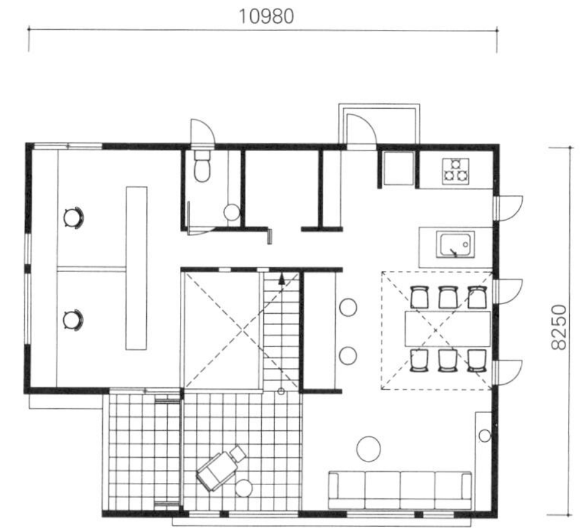

2F平面図

南側立面図

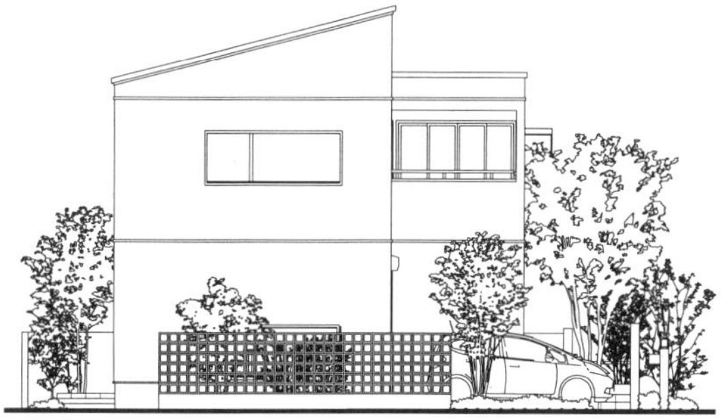

西側立面図

用意された CAD の図にグリッドを入れる（縮尺：1/200）

❷用意された CAD パースから奥行き方向の VP を求め、VP を通る水平線 EL を引きます（2 消点で作図されているので、厳密には右側の消点も求めますが、省略しています）。

VP と EL を求める

＊グリッドは VP の方向に向かいます。

❸❷の CAD パースの外構部分に、グリッドを入れます。❶の平面図に描いたグリッドと住宅の外形線との位置関係を確認しながらパース上にグリッドを完成させます*。グリッドは、正確に合わせることが難しいので、だいたいで大丈夫です。

グリッドを入れる

❹❶の平面図を見ながら車や植栽の作図をします。

外構・植栽の作図をする

❺❹の外構、植栽の作図をした下図の上にトレーシングペーパーをのせ、定規を使って手前のものから奥のものへと描いてスケッチを仕上げます（植栽はフリーハンド）。

トレーシングペーパーをかけ、スケッチを仕上げる

❻植栽→住宅外壁→外溝→小物・その他→道路→空の順番で着彩します。下図はマーカーで仕上げています。

着彩された完成パース

11 プレゼンテーションの仕上げ

スケッチ、パースなど図面がそろったら、最後にプレゼンをします。プレゼンは、いろいろな設計条件によって方法もさまざまです。ここでは、ボードを使った基本的なレイアウト例と、製本する例を挙げ、効果的なポイントを解説します。

1 プレゼンボードのレイアウト

①ヘッダーとフッターで引き締める

よく使われるレイアウトの手段として、プレゼンボードの上部と下部に帯を入れ、すっきりとまとめる方法があります。中身のパースやイラストの大きさが多少バラバラでもきれいに見せることができます。

ヘッダーにはデザインのメインテーマである「タイトル」と「サブタイトル」を入れます。これにより、クライアントが「どんなデザインだろう？」と想像し、興味をもつきっかけとなります。サブタイトルの文字数はできるだけ短く20文字以内に収めましょう。

フッターには設計・施工会社の社名やロゴマークなどを入れます。

タイトルとサブタイトルの組み合わせの例

タイトル（テーマ）	サブタイトル
日陰の庭	石と緑で落ち着きを演出
地中海風の庭	パティオの庭で気分は南欧
鳥を呼ぶ庭	窓辺でできるバードウォッチング

②アイコンを付ける

タイトルの頭にデザインイメージを強調するアイコンを入れることで、クライアントの心にデザインを印象的に残すことができます。

アイコンの例

③メインパースから見せる

詳細な図面を見慣れていないクライアントには、まずビジュアルなパースを見せましょう。パースは、できるだけ1点ではなく2点以上入れるようにします。

メインパースは設計内容がわかりやすい全体パース（鳥瞰パース）やアプローチなど主役となるデザインがわかるファサードパースを大きくのせ、インパクトを出します。

部分パースは花台、オーナメントなどのデザインを、メインパースより小さく取り扱います。

④図面にはキャプションを付け、方位・スケールを忘れずに

平面図は、敷地内のみでなく、周辺状況の表示（道路や隣地の建物配置など）、スケール、オリエンテーション（方位）をわかりやすく入れることは最も重要です。初歩的なことですが軽視されるケースも多いため、配慮するように心がけましょう。

平面図と立面図は、できるだけ、東西南北を合わせ、比べやすいように配置しましょう。立面図は、北を逆さまに、東・西を縦に配置することは図面が見にくくなるためやめましょう。上が北（天地左右が北・南・西・東）でなくてもかまいません。オリエンテーション（方位）を入れれば方向を理解できます。

また、図面、パース、イラストなどにはキャプションを付けましょう。

施工図面と違ってプレゼン図面は寸法線や引出し線はできるだけ少なくし、代わりに、スケール表示で補い、すっきりとまとめましょう。

時間に余裕があれば、施工図面とプレゼン図面の併用はしないことがプレゼン力のアップにつながります。

方位とスケール表示の例

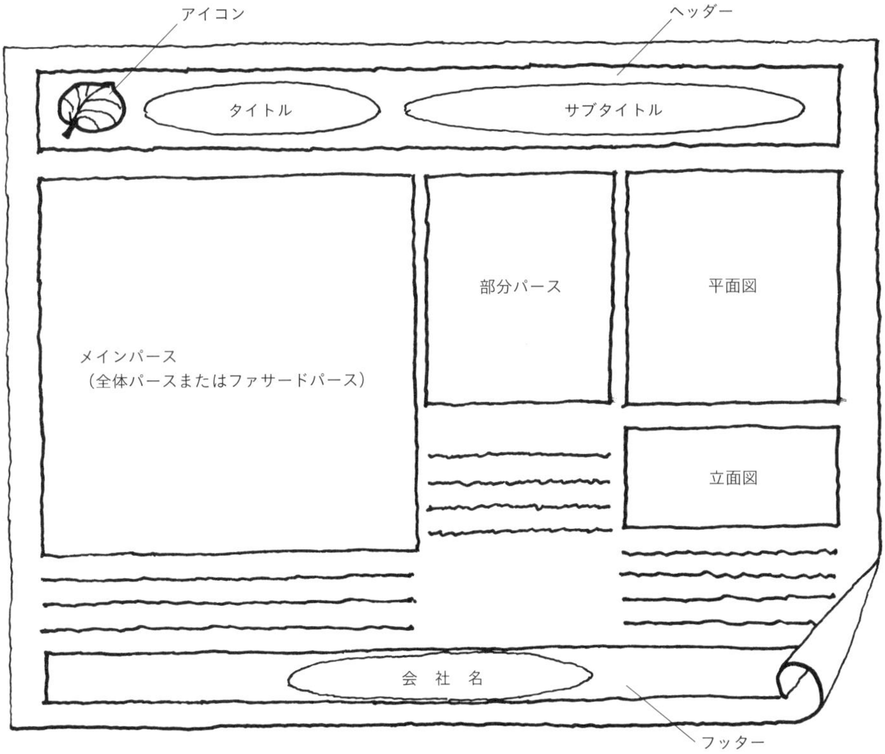

ボードのレイアウト例

2 文字や文章での説明は簡潔に

プレゼンでは、提案内容のポイントや、クライアントの一番関心のあるところなど、デザインの内容を順序立てて説明する流れをつくる文章が必要となります。このような文章は、ダラダラと長く書かず、要点を簡潔にまとめます。また、新聞のように「小見出し」を付けて、デザイン内容を具体化します。小見出しはクライアントが読みやすいよう、あまり長い文章は避け、30 文字前後に抑えましょう。

テーマと小見出しの組み合わせの例

テーマ	小見出し
日陰の庭	陰湿になりがちな日陰の庭は、明るい白系統の石敷きで清潔感を出す。
地中海風の庭	壁に囲まれた中庭のイメージ。高塀は小窓や照明、トレリスなどで演出。
鳥を呼ぶ庭	噴水を兼ねたバードバスやエサ台を設けて野鳥を呼び、庭の点景として楽しむ。

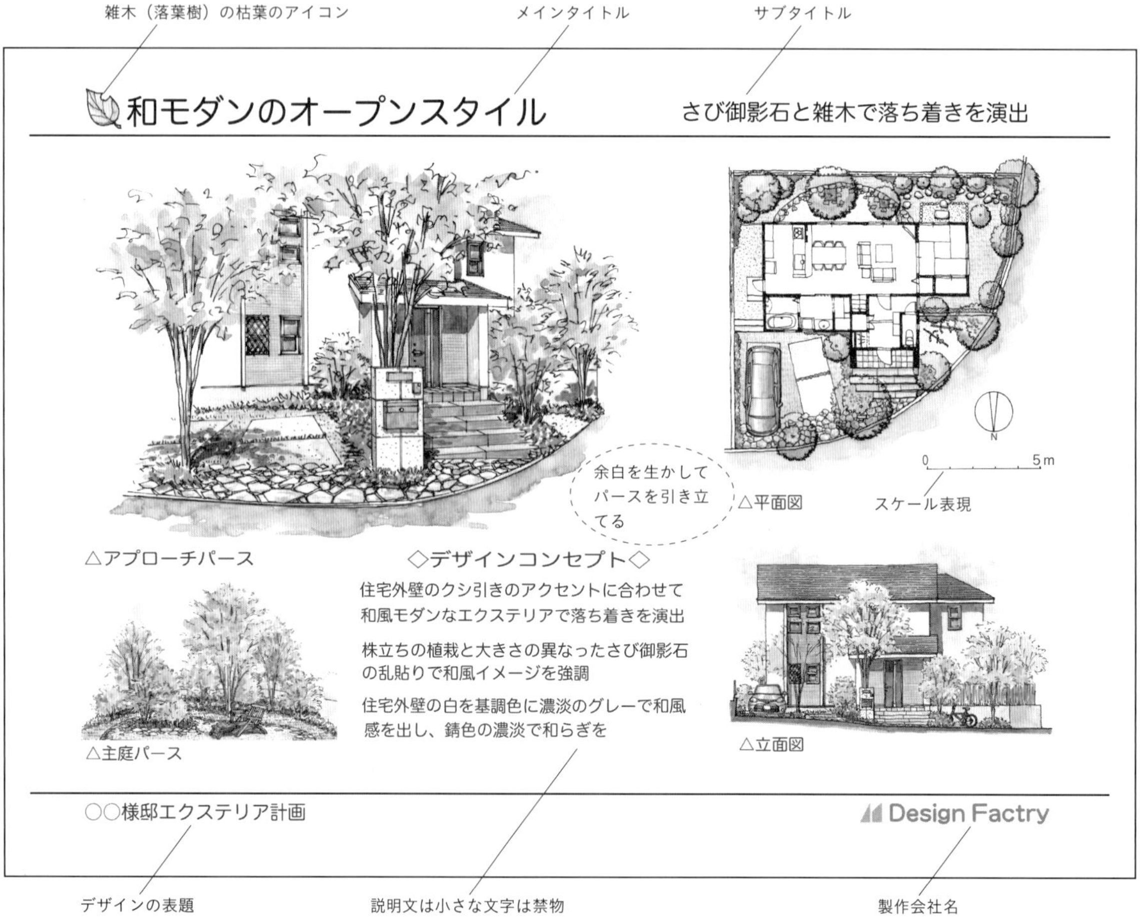

プレゼンボードの参考例

One Point

視線の動きを予測して、図の配置や大きさを決定しよう！

人間は、ビジュアルなパースやイラスト、写真、文章などを並べたとき、大きいカットから小さいカットに視線を移動していきます。そのため、クライアントに見せるプレゼンボードでは、デザインがわかりやすい全体図や鳥瞰図、ファサードパースを大きく取り扱い、次に具体性のある部分パースや平面・立面図を見せるように演出します。ビジュアルなカットを見ることでクライアントがデザインに興味を持てば、説明文を読むことになるでしょう。

プレゼンテーターの言葉による解説をする場合は、メインタイトル→サブタイトル→メインパース→部分パース→平面・立面図の順にクライアントの視線を移動させながら説明し、パースと図面を交互に見せて、デザイン内容を説明します。

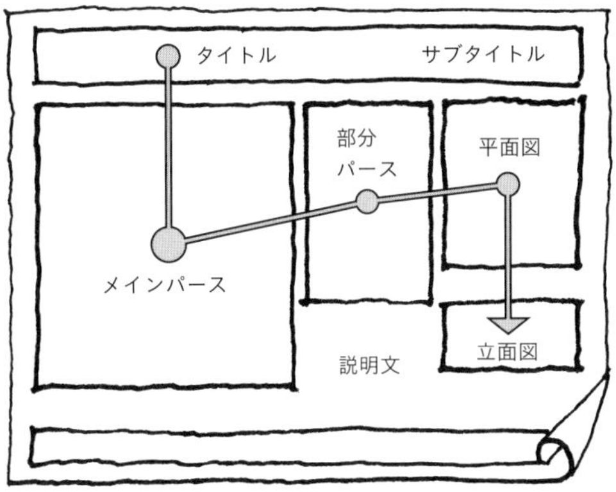

人は、ビジュアルな大きい画像から小さい画像に視線を移していく

3 色彩を利用してイメージをつくる

エクステリアをデザインするとき、住宅を含めた周辺環境のカラーコーディネートは必要不可欠です。コンセプトに添ったカラーコーディネートでプレゼンの説得力の効果が増します。

下表は、デザインキーワードとカラーのイメージを組み合わせたものです。デザインの説明文の言葉の選び方やプレゼンボードや文字の色などの参考にしてください。

デザインキーワードとカラーイメージの組み合わせの例

デザインキーワード	カラーのイメージ	デザインイメージの基調色	コーディネートのポイント	文字の色
ナチュラル	温かみのある自然素材の質感を生かした柔和な雰囲気	アイボリーや明るいベージュ	ソフトな色使いでまとめる。無地調、緑が合う	黄緑
ハードナチュラル	アダルトで落ち着いた穏やかな温かみのある感覚	茶色を基調に落ち着いた穏やかな暖色	レンガなど穏やかな無地調のものでまとめる	茶系
カジュアル	明るく楽しい軽快なイメージでリズミカルな配色	白やアイボリー、ベージュを広い面積に使い基調色に	基調色に橙、赤、黄、青などのアクセントカラーをプラスして明度を調節して使う	橙、赤、黄、青、緑などのピュアな色
エレガント	穏やかでやさしいフェミニンなイメージ	グレー、ベージュなど穏やかでやさしい色	落ち着いたグレーやワインベージュなどを、白をアクセントにしてまとめる	黄緑、ワインベージュ
クラシック	伝統的な落ち着いた色調で重厚な感覚	渋みのある茶色を基調に重厚な色使い	アクセントはモスグリーンなどの穏やかな色	モスグリーン、濃茶、エンジ
クラシックモダン	モダンな都市的感覚と洗練されたシャープなイメージ	グレー系の色を基調色に。メカニックにしない	色調のコントラストは穏やかに	黒、濃いグレー
クリア	清潔感のあるすっきりとしたシンプルなイメージ	白を基調にアイボリー、淡いグリーン、ブルー系	寒色系のソフトな色調と白、アイボリー、無地でまとめる	濃紺、濃いグレー

4 ボードにパネリングする

プレゼンボードには、上紙の下に接着剤が塗ってある発泡材のスチレンボードを使います。ボードに図面、パースなどのプレゼン資料を貼り付けてプレゼンボードを作成します。この接着剤付きのスチレンボードは通称「ハレパネ」といわれ、画材屋さんで販売しています。サイズは一般に A3 サイズでプレゼンに扱われるケースが多いようです。高級物件や、多人数相手のプレゼンにおいては、ボードを見やすくするためやインパクトを強くするために A2 サイズにする場合もあります。下記に、ハレパネにプレゼン資料を貼り付ける方法を説明します。

❶ハレパネの接着剤の付いている面の上紙の真ん中あたりに、カッターの刃をやさしく入れます。できるだけ下のスチレンボードを切らないよう気をつけましょう。

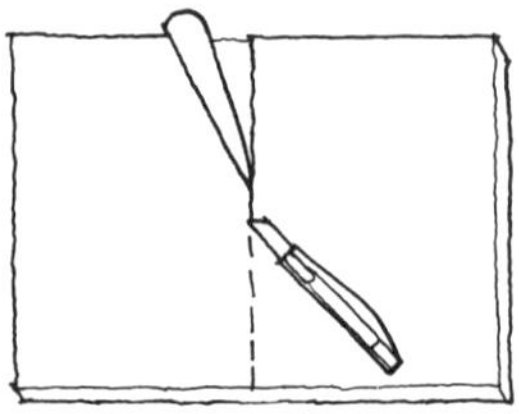

❷上紙をボード全体の真ん中から 1/4 程度それぞれ左右にはがし、折り目をつけます。

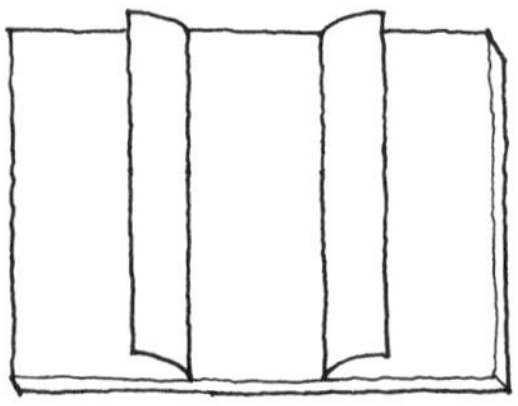

❸ボードの天地左右からはみ出ないようにプレゼン用紙をのせ、真ん中をやさしく押さえます。上紙を左右にそれぞれ、少しずつはがしながらタオルなどで軽くこすって、貼り付けます。

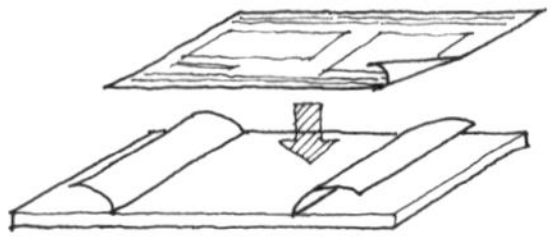

❹ボードの余った四方を定規とカッターを使ってカットして完成です。

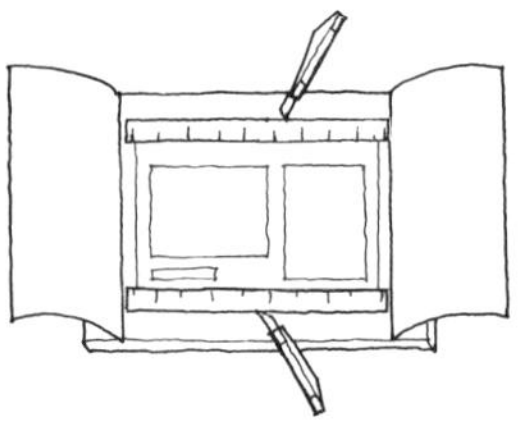

One Point

ハレパネに貼り付けたとき、気泡が入ってしまったら…

ハレパネの接着力は非常に強いため、一度貼り付けると、貼り直しができません。気泡が入ってしまった場合は、気泡部分に針などで穴をあけ、その上からタオルなどでやさしくこすると気泡が抜け、きれいに仕上がります。

5 製本する

1 枚の図面サイズが A3 程度で大きさがそろっているのなら、また、プレゼン資料の枚数が多い場合は、並べてボードにレイアウトするよりも、左側をホッチキスで閉じて製本した方が簡単です。閉じた部分を製本テープなどで補強したり、プラスチックカバーで挟んで表紙をつけるなどすると、ただ紙を束ねるよりプレゼン資料らしくなります。表紙は、アセテートフィルムをのせると、きれいに見えます。

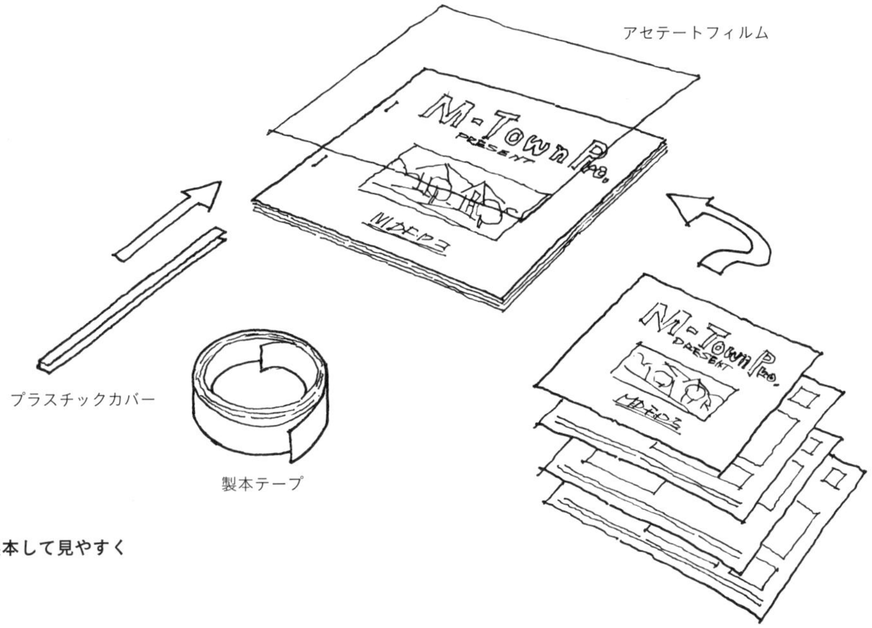

複数の資料は製本して見やすく

参考文献

山城 義彦・山城デザインスタジオ『現代パースの基本と実際　基本図法から簡略図法・ペン画・色鉛筆の表現プロセスまで』グラフィック社、1981年

日本カラーデザイン研究所『カラーイメージ事典』講談社、1983年

A.L. グプティル『ペンで描く　スケッチから細密描写まで』マール社、1979年

資料提供者・協力者（掲載順）

下記の頁の図版については、記載の方々に資料提供や作図にあたってのご協力をいただきました。

p.3	株式会社エイビーシーハウス
p.10 下 2 点	東急建設株式会社
p.12 下（ワンポイント）	梅澤潤司
p.50 上	梅澤潤司
p.60-61	株式会社草樹舎
p.69 上	株式会社ライズ
p.71	東急建設株式会社
p.72	三井ホーム株式会社、安田計画設計室
p.74-75（図面）	安田計画設計室
p.78-79	大和ハウス工業株式会社
p.82	株式会社 HIRAMEKI
p.83 上	東急建設株式会社
p.83 下 2 点	東急不動産株式会社
p.84-85（パース）	株式会社草樹舎
p.91	株式会社ビクトリーホーム
p.92	日軽情報システム株式会社
p.93	大和ハウス工業株式会社、株式会社ユニマットランドデザイン・リックカンパニー（現・株式会社ユニマットリック）
p.96 下（アイコン）	渡辺麻理子
p.98 下	株式会社 HIRAMEKI
p.103	京王不動産株式会社

おわりに

読者のみなさま！　手描きパースやスケッチの世界は、いかがだったでしょうか？
このテキストは、私がパースの講師をはじめてから、生徒のわからないところを分析し、内容を凝縮したものと、実務において発見してきたテクニックをまとめてでき上がりました。

私にとって、最初で最後の会社勤めとなったパース事務所から独立し、専門学校講師の仕事をいただいたのは27年も昔のことです。はじめは生徒にとってわかりやすい授業はどうすればよいかと四苦八苦しました。生徒は、わからないところを質問したいのですが、なにがわからないのかわからず、質問ができないのです。講師は、生徒のわからないところを感じて答えを見つけて教えるのですから、大変な仕事です。しかし、一番得るものが大きかった講師経験です。

また、パースの講師の仕事とは別に、24、5年前からエクステリア業界の仕事をはじめましたが、事業主として経営に携わり、プレゼン用図面、パースなどを描くようになると、建物や外構などは描けるのですが、いわゆる人物や植栽などの「点景」がうまく描けませんでした。エクステリアのプレゼンをするには、「イラスト」も上手にならなくてはいけないのです。このエクステリアの世界では、人物、車、植栽などの描き方次第で、クライアントにデザインイメージをわかりやすく伝えられるからです。
以来、手描きを極めることに専念し、水彩画を描き続けてきました。下手でも好きで描き続けていれば、1年、3年、5年と時がたつにつれて少しずつ上手になるものです。「継続は力なり」まさにその通りです。

読者の中には、いろいろな方がいらっしゃると思います。どなたでも、やる気と努力で80％くらいまでは上達します。もっと努力して描き続ければ90％以上になり、さらに残りの10％未満を超越したら芸術家の域です。しかし、私は、仕事として通用するのはこの最初の努力の80％で充分だと思います。
なぜなら、実務においてパースは、デザインを、クライアントに理解していただくためビジュアルに描く絵にすぎません。デザインを理解してもらうことが目的です。下手でも、表現したいことが伝わればよいのです。そこで是非本書をプレゼンのお助け本として、末永くご愛用いただければ幸いです。
最後に、本書の制作に関わった方々や、彰国社編集部の尾関恵さんには、大変ご迷惑をおかけしましたが、上手に編集していただき、ありがとうございました。感謝いたします。

2013年5月　松下高弘

著者略歴

松下高弘（まつしたたかひろ）

1958年長野県飯田市生まれ。
原宿学園東京デザイン専門学校建築士科建築科卒業後、建築・土木などのパース・模型制作会社に7年間従事し、みなとみらい・都庁・東京オペラシティの新国立劇場コンペなどのプレゼンテーションに携わる。
1987年、建築設計とプレゼンテーション業務を行うスタジオを設立。同時期から、東京デザイン専門学校のインテリアコーディネーター科担任やパース担当講師、建設会社、ハウスメーカー、エクステリアメーカーなどの社員研修や設計施工業者向け研修のカラーコーディネートやプレゼンテーション講師を担当。
現在は、（有）エムデザインファクトリー代表取締役。企画から参加した、分譲住宅、商品開発、公共事業や広告代理店のパース・模型などのプレゼンテーションの企画・提案・制作を行う。
最近は、お部屋に飾る水彩画「住まいの絵」がエンドユーザーにも好評を得ている。
また、講師活動は、E＆Gアカデミー（パース・カラーリング担当）、ハウスメーカー、エクステリアメーカーなどで意欲的に活躍中。

著書

「エクステリアの色とデザイン」（グリーン情報）
「庭木専科　気になる草花、樹木をマルチに検索!!」（グラフィック社、共著）
「エクステリア・ガーデンデザイン用語辞典」（彰国社、共著）
「イラストでわかるエクステリアデザインのポイント」（彰国社、共著）

住宅エクステリアの
パース・スケッチ・プレゼンが上達する本

2013年6月10日　第1版 発　行
2017年5月10日　第1版 第2刷

著　者　松下高弘＋エムデザインファクトリー
発行者　下　出　雅　徳
発行所　株式会社　彰　国　社

著作権者との協定により検印省略

自然科学書協会会員
工学書協会会員

162-0067 東京都新宿区富久町8-21
電話 03-3359-3231（大代表）
振替口座　00160-2-173401

Printed in Japan

印刷：真興社　製本：中尾製本

ISBN 978-4-395-02309-7 C3052　http://www.shokokusha.co.jp